LE PARTERRE GEOGRAPHIQUE ET HISTORIQUE,

OU

NOUVELLE METHODE D'enſeigner la Geographie & l'Hiſtoire.

Dépouillée de la contrainte des Méthodes ordinaires,

Et réduite en forme d'amuſement ſimple & facile.

Dédiée à Monſeigneur le Dauphin.

A PARIS,
Chez NYON le Fils, au bout du Quay des Auguſtins, près le Pont S. Michel, à l'Occaſion.

M. DCC. XXXVII.

A MONSEIGNEUR LE DAUPHIN.

MONSEIGNEUR,

Lorsque j'ose vous présenter cette nouvelle Methode

pour apprendre la Geographie & l'Histoire, je ne présume pas qu'elle doive servir à votre instruction ; je sçai avec toute la France, que les illustres Personnes qui cultivent avec tant de succès les heureuses dispositions que la nature semble vous avoir prodiguées, ont en tout genre des lumieres si superieures aux miennes, qu'en vain je me persuaderois que mon travail pût leur être de quel-

que utilité. Je n'ai eu d'autre but, MONSEIGNEUR, *que de vous en faire homage, & de l'offrir à la jeune Noblesse sous les auspices d'un Auguste Prince l'objet de ses esperances, & dont l'éxemple doit avoir tant de force pour les porter à la vertu & à l'étude des Sciences qui lui sont propres : Je m'estimerai trop heureux*, MONSEIGNEUR, *si vous daignez agréer ce témoignage de mon zele, & du profond respect avec lequel je suis,*

MONSEIGNEUR,

Le très-Humble & très-Obéïssant Serviteur ***

PREFACE.

UNE Préface pour un Ouvrage de la nature de celui-ci paroît assez inutile, & en effet qu'y voit-on pour l'ordinaire; l'Eloge du Livre, ou celui de l'Auteur, & souvent les deux ensemble, on se flatte par-là d'en imposer au Public, & de lui faire prendre des impressions favorables pour ce qu'on lui presente. Mais ce même Public, Juge équitable, ne donne à chaque chose que le prix qu'elle mérite ; il sçait faire la difference de ce qui peut servir à son instruction ou à son amusement, & on a toujours vû les Ouvrages utiles l'emporter sur les agréables, ou si ces derniers ont quelquefois parûs avoir l'avantage, leur faveur a été passagere: Celui qu'on donne aujourd'hui est de la nature des premiers, du moins c'est l'intention de l'Auteur. Ainsi on ne doit point y chercher ces expressions vives & legeres, ces tours de phrases ingenieux, ces peintures variées, en un mot tous ces agrémens qui font le ſeul merite de beaucoup de nos Livres nouveaux. C'eſt donc un Ouvrage utile que nous annonceons, Ouvrage ingrat & ſterile, une Méthode pour enſeigner la Géographie & l'Hiſtoire, mais dépouillée de la contrainte des Méthodes ordinaires. On ſçait qu'à un certain âge tout ce qui a l'air de travail & d'étude rebute, on ſent parfaitement qu'il faudroit pouvoir apprendre les Sciences aux enfans comme on leur apprend les choſes les plus communes dans l'uſage Journalier de la vie. Ainſi on ne peut trop s'attacher à chercher des moyens pour les rendre plus faciles, & les faire goûter dès la premiere Jeunesse, & il y a tout lieu de croire que l'on y réüssiroit si l'on pouvoit les présenter aux enfans sous le feint exterieur d'un amusement varié & agréable. C'est l'objet de la Nouvelle Méthode, sous le nom de Parterre Géografique & Historique. On ne dira rien à son avantage; Nous laissons au public à juger si les moyens qu'elle met en œuvres peuvent conduire au but qu'on se propose. Nous observerons seulement que nous avons des exemples de Jeunes Enfans de ſept à huit ans qui ont fait des progrez étonnans & rapides étant conduis par cette nouvelle Methode. Que pluſieurs perſonnes connues par leur merite & leur ſçavoir, conſultées avant que de la mettre au jour, ont penſé qu'elle ne pouvoit être que très avantageuſe, car quand même (diſoit l'un d'eux) elle ne ſeroit pas du goût de tout le monde, cela ne devroit pas empêcher de la donner, puiſqu'il eſt auſſi impoſſible de trouver une Methode qui convienne à tous les eſprits, que d'avoir un remede qui ſerve pour toutes les maladies. Effectivement il ſeroit ridicule de ſe flatter qu'elle ſera reçue univerſellement de tous ceux qui ſont ou qui ſe croyent en état de ſe faire par eux-mêmes une Methode pour conduire la Jeuneſſe dans ces Sciences, chacun a ſon ſiſtême, & nous n'avons point envie d'en blamer aucun, il nous ſuffit d'expoſer le nôtre. Ce que nous faiſons le plus ſuccinctement qu'il nous a été poſſible, tâchant ſur-tout de le rendre intelligible à tout le monde, de façon que chacun puiſſe en faire uſage, car quoique le ſecours des

Maîtres ſoit toujours avantageux & même neceſſaire, & qu'il y en ait déja pluſieurs qui goûtent & ſuivent notre ſiſtême, on pourra fort bien avec notre Methode ſeule enſeigner à ſes enfans ce que l'on apprendra ſoi-même en même tems avec un peu de ſoin & d'attention, quand même on n'auroit eû juſqu'alors aucune teinture de ces Sciences.

NOTA.

On a été obligé de changer la Couleur des Plans, & de les mettre en Rouge.

Ainſi à la Page 22. *Ligne* 9. au mot *Jaune*, liſez *Rouge*.

Et à la Page 26. *Ligne* 7. liſez auſſi *Rouge* au lieu de *Jaune*.

PRIVILEGE DU ROY.

LOUIS par la Grace de Dieu Roi de France & de Navarre : A nos amez & feaux Conseillers, les Gens tenans nos Cours de Parlement, Maîtres des Requêtes ordinaires de notre Hôtel, Grand Conseil, Prévôt de Paris, Baillifs, Sénéchaux, leurs Lieutenans Civils & autres nos Justiciers qu'il appartiendra : SALUT. Notre bien amé le Sieur *** nous ayant fait remontrer qu'il souhaiteroit faire imprimer & donner au Public un Ouvrage qui a pour titre *Le Parterre Geographique & Historique à l'usage de Notre très cher Fils le Dauphin, ou Nouvelle Methode d'enseigner la Geographie & l'Histoire* ; S'il nous plaisoit lui accorder nos Lettres de Privilege sur ce nécessaires, offrant pour cet effet de le faire imprimer en bon Papier & beaux Caracteres suivant la feuille imprimée & attachée pour modéle sous le contrescel des Presentes. A CES CAUSES, voulant favorablement traiter ledit Sieur Exposant, Nous lui avons permis & permettons par ces Presentes de faire imprimer ledit Ouvrage cy-dessus specifié conjointement ou séparement, & autant de fois que bon lui semblera, & de le faire vendre & débiter partout notre Royaume pendant le tems de six années consécutives à compter du jour de la datte desdites Présentes : Faisons deffenses à toutes sortes de personnes de quelque qualité & condition qu'elles soient, d'en introduire d'Impression étrangere dans aucun lieu de notre obéissance, comme aussi à tous Libraires, Imprimeurs

& autres d'imprimer, faire imprimer, vendre, faire vendre, débiter ni contrefaire ledit Ouvrage cy-dessus exposé, en tout ni en partie, ni d'en faire aucuns extraits sous quelque prétexte que ce soit d'augmentation, correction, changement de titre ou autrement, sans la permission expresse & par écrit dudit sieur Exposant ou de ceux qui auront droit de lui, à peine de confiscation des exemplaires contrefaits, de quinze cent livres d'amende contre chacun des contrevenans dont un tiers à nous, un tiers à l'Hôtel-Dieu de Paris, l'autre tiers audit Sieur Exposant, & de tous dépens dommages & intérêts; à la charge que ces Présentes seront enregistrées tout au long sur le Registre de la Communauté des Libraires & Imprimeurs de Paris dans trois mois de la datte d'icelles; Que l'Impression de cet Ouvrage sera faite dans notre Royaume & non ailleurs; & que l'Impetrant se conformera en tout aux Réglemens de la Librairie, & notament à celui du dixiéme Avril mil sept cens vingt-cinq, & qu'avant que de l'exposer en vente, le Manuscrit ou Imprimé qui aura servi de Copie à l'impression dudit Ouvrage, sera remis dans le même état où l'approbation y aura été donnée, ès mains de notre très-cher & féal Chevalier Garde des Sceaux de France le Sieur Chauvelin, & qu'il en sera ensuite remis deux Exemplaires dans notre Bibliothéque publique, un dans celle de notre Château du Louvre, & un dans celle de notre très cher & féal Chevalier Garde des Sceaux de France le Sieur Chauvelin; le tout à peine de nullité des Présentes, du contenu desquels vous Mandons & enjoignons de faire jouir ledit Exposant ou ses aïans cause plainement & paisiblement sans souffrir qu'il leur soit fait aucun trouble ou empêchement, voulons que la copie desdites Présentes qui sera imprimée au long au commencement ou à la fin dudit ouvrage, soit tenue pour duëment signifiée, & qu'aux copies collationnées par l'un de nos amés & feaux Conseillers & Sécretaires, foi soit ajoûtée comme à l'Original. Commandons au premier notre Huissier ou Sergent de faire pour l'exécution d'icelles tous Actes requis & nécessaires, sans demander autre permission, & nonobstant Clameur de Haro, Chartre Normande, & Lettres à ce contraires. Car tel est notre plaisir. Donné à Compiegne le vingt-septiéme jour de Juillet l'an de grace mil sept cent trente-six, & de notre Régne le vingt-uniéme. Par le Roi en son Conseil.

SAINSON.

Registré sur le Registre IX. de la Chambre Royale & Syndicale des Libraires & Imprimeurs de Paris, N°. 335. Fol. 294. conformement au Réglement de 1723. qui fait défenses, art. IV. à toutes personnes de quelque qualité & condition qu'elles soient, autres que les Libraires & Imprimeurs, de vendre, débiter, & faire afficher aucuns Livres pour les vendre en leurs noms, soit qu'ils s'en disent les Auteurs ou autrement, & à la charge de fournir les huit Exemplaires prescrits par l'art. CVIII. *du même Réglement. A Paris le 12 Août 1736.*

G. MARTIN, Syndic.

LE PARTERRE GEOGRAPHIQUE ET HISTORIQUE.

DISCOURS PRELIMINAIRE.

TOUT le monde convient que la connoiſſance de l'Hiſtoire eſt une Science d'autant plus utile à l'homme, qu'elle ſert à le conduire dans les différens états de la vie : Ses faits ſont des éxemples frapans qu'elle met à chaque inſtant ſous les yeux pour notre inſtruction : C'eſt dans elle que nous pouvons puiſer, dès notre premiere jeuneſſe, une expérience que nous acquerons toûjours trop tard, & trop ſouvent à nos dépens.

La Géopraphie n'eſt pas moins utile, c'eſt même de toutes les Sciences celle qu'il ſemble le plus honteux d'ignorer ; on voit tout le monde chercher à s'en inſtruire avec un certain empreſſement qui marque mieux que toute choſe le beſoin qu'on en a. En effet, n'eſt-il pas naturel qu'habitans de la terre, nous connoiſſions ſa ſituation, ſon étenduë, les parties qui la compoſent, les diverſes Nations qui y ſont répanduës, leurs mœurs, leurs coûtumes, les lieux qu'ils occupent, la nature & la qualité du Païs qu'ils ont en partage ; en un mot tous ces détails si utiles & si agréables, qui se présentent à chaque instant dans la Géographie.

Ces vérités sont trop convaincantes pour avoir besoin d'être appuyées par toutes les réfléxions qui se présentent, & ce n'est pas d'aujourd'hui qu'elles se sont faites sentir.

Tous ceux qui ont écrit sur la Géographie, & sur l'Histoire, n'ont eû pour but que d'instruire la posterité ; mais s'il falloit les aller chercher dans toutes leurs diverses sources, ce seroit un travail & une étude qui consommeroit un temps considérable de notre vie, & sur-tout un temps précieux, où son employ nous est le plus utile. C'est donc pour sauver ce temps, & tirer un fruit plus prompt qu'on a inventé diverſes Méthodes pour tâcher de conduire la jeuneſſe à la connoiſſance de ces Sciences.

Quoique ces Méthodes ſoient fort bonnes, & ſorties des mains de grands Maîtres, on peut dire qu'elles ne ſont pas aſſez faciles & aſſez ſimples pour pouvoir être ſuivies dans ces temps de l'enfance, où les plus petites occupations, lorſqu'elles ont l'air de travail & d'étude, rebutent & donnent un dégoût pour les Sciences, que l'on a bien de la peine à vaincre en avançant en âge, & qui fait un tort infini au progrès qu'on y pourroit faire.

C'eſt donc pour dégager de cette contrainte, que beaucoup de perſonnes d'un mérite diſtingué, ont imaginé & donné au Public en différens temps des Jeux qui traitent, les uns de Géographie, les autres d'Hiſtoire ; mais l'expérience a fait connoître que ces Jeux, tout ingénieux qu'ils ſont, amuſent infiniment plus qu'ils n'inſtruiſent ; parce que les jeunes gens ne portent leur attention qu'à ce qui fait le Jeu, ſans s'attacher aux applications qu'on leur en veut faire.

C'eſt cette réfléxion qui a engagé l'Auteur à chercher une Méthode qui, loin d'avoir quelque choſe de rebutant ou de pénible, pût s'offrir à la jeuneſſe ſous l'apparence d'un amuſement, qui tint le milieu entre ces Jeux & la contrainte des Méthodes ordinaires.

Cet amuſement eſt convenable à leur âge, & eſt varié d'une maniere ſi agréable, qu'ils peuvent apprendre les choſes les plus difficiles ſans s'en appercevoir, & les ayant appriſes avec goût, ils ont une conſtante & curieuſe inclination de s'y perfectionner : c'eſt ſpécialement ce goût & cette inclination que l'Auteur entreprend d'inſinuer & faire naître. Pour y parvenir, il a conſulté, éprouvé, & pratiqué ; il ſe flatte enfin d'en avoir trouvé les moyens par ſa nouvelle Méthode. La Géographie & l'Hiſtoire ſont les objets qu'elle embraſſe, & qu'elle dévelope d'une maniere ſimple & facile.

Dans cet âge tendre, où l'eſprit incapable de réfléxion & d'attache, ne peut ſoûtenir des opérations fortes, & aſſiduës, il faut le ſoulager par le ſecours des ſens; la vûë d'un objet extérieur frape, fait naître des idées, qui s'arrangent & ſe fixent ſur la nature de l'objet qui s'eſt préſenté: par éxemple, un enfant apprend à connoître la maiſon qu'il habite, de façon qu'il ne ſe trompe jamais à aller dans la cour, dans le jardin, dans la ruë, à la premiere idée qu'on lui propoſe d'y paſſer: à meſure qu'il avance en âge, il connoît avec la même facilité les différens Appartemens par leurs noms, il ne confondra jamais la ſalle à manger avec le cabinet, ni une autre chambre; il n'a nulle inquiétude pour apprendre comme une leçon, que dans celle-là il y a un buffet, dans cette autre un lit, dans celle-ci des livres. Il faut très-peu de temps pour qu'il sçache rendre compte des différentes choses qui sont en place constante dans ces Appartemens; il y remarquera même des Tableaux, dont il apprendra insensiblement le sujet; cette facilité n'est telle que parce qu'il a devant les yeux les divers objets qui représentent ces choses. Appliquons cet éxemple à la Géographie, que cette maison représente une partie du monde; qu'on y trouve la situation des Royaumes, la position des Villes, & tous les autres détails de la Géographie, marqués par des objets sensibles & distincts; il est certain que l'enfant conduit pas à pas, & ménagé avec ſoin, retiendra en s'amuſant, tout ce que ces divers objets repréſenteront, & il en pourra faire lui-même les applications, qui lui deviendront familieres, & tellement naturelles, qu'il ne pourra jamais s'y tromper, & ne ſera pas dans le cas d'expoſer faux, comme il arrive très-ſouvent à ceux qui ſont conduits par les Méthodes ordinaires.

Ce n'eſt donc qu'un amuſement qu'on propoſe, mais un amuſement conduit avec tel artifice, qu'il mene inſenſiblement à des connoiſſances qui ſemblent ne pouvoir être que le fruit d'une étude longue & pénible.

Il n'eſt pas moins aiſé de faire voir que l'Hiſtoire peut de même être appliquée à des objets ſenſibles, dont la vûë continuelle puiſſe fixer les idées. Pour en être convaincu, il ne faut que réfléchir ſur le nombre de perſonnes qu'un enfant apprend à connoître ſans s'en appercevoir, & ſans aucune application ni étude, ou du moins ſans qu'on ait paru prendre aucun ſoin de l'en inſtruire : il connoît d'abord ces perſonnes par la différence de leur nom, peu après par la différence de condition, bientôt il ſçaura quelque particularité qui diſtingue les qualités, la parenté, la profeſſion, la demeure : il ſçaura quelque choſe du caractere de ceux-ci, de l'hiſtoire de ceux-là ; en un mot la connoiſſance d'un nombre de perſonnes s'arrange d'abord en la mémoire des enfans avec une ſorte de confuſion ; & à meſure qu'ils voyent ces perſonnes, leurs idées ſe dévelopent ; entendans dire du bien des uns, du mal des autres, les entendans parler, les voyans agir, tout concourt à leur faire naître des idées, qui ſe combinent de façon qu'au bout de quelques années, l'enfant appercevant une de ces perſonnes, penſe c'eſt un tel, & ſur le champ pouroit dire ce qu'il eſt, ce qu'il vient faire, ſans le confondre avec tant d'autres qu'il connoît auſſi-bien, & qui peuvent même ſe reſſembler beaucoup.

Il ne s'agit donc que de trouver des objets ſenſibles & aſſez variés, pour y pouvoir appliquer tous les détails qu'éxige l'Hiſtoire ; c'eſt à quoi l'Auteur eſt parvenu, au moyen des Piramides & de leurs différens attributs ; la preuve en eſt aiſée, & n'a pas beſoin d'un long raiſonnement. De tout ce qu'on vient de dire on conclud ſans peine, que puiſque tout naturellement nous connoiſſons un nombre infini de lieux, figures, meubles, habits, outils, plantes, animaux, images, traits & caracteres de perſonnes, ſans que cette connoiſſance nous ait coûté la moindre étude ; à plus forte raiſon, ſera-t-il aiſé de connoître un nombre fixe de Piramides, qui par la différence de leurs figures & la variété de leurs couleurs, repréſenteront ſans confuſion, & les hommes illuſtres & les principaux faits de l'Hiſtoire, qu'il ſera très-facile de retracer tous les jours à l'eſprit.

Après avoir démontré la poſſibilité & la facilité de la nouvelle Méthode, avec les avantages qu'elle a ſur toutes les diverſes manieres d'enſeigner l'Hiſtoire & la Géographie dont on s'eſt ſervi juſqu'ici; il n'eſt plus queſtion que de déveloper les moyens dont elle ſe ſert, & d'en faire enſuite l'application à ces Sciences, avec la maniere d'y conduire les jeunes gens : ce qui diviſe la nouvelle Méthode en trois parties.

La premiere partie eſt un dévelopement des moyens qu'elle met en uſage, contenant la deſcription des plans, avec la maniere de les conſtruire, & celle des Piramides, leurs différens attributs, avec les arbres historiques.

La seconde partie contient l'application des plans des Piramides & des arbres à la Géographie & à l'Histoire, avec tous les détails nécessaires pour parvenir à la connoissance de ces Sciences.

La troisiéme enfin, donne la maniere de conduire & menager les jeunes gens pour arriver au but qu'on se propose.

DESCRIPTION
DES PLANS, DES PIRAMIDES
ET DES
ARBRES HISTORIQUES.

PREMIERE PARTIE.

POur éviter la confusion, & répandre le plus de jour qu'il est possible sur cet Ouvrage, qu'on veut rendre d'une pratique simple & facile pour toutes sortes de personnes ; on a divisé cette premiere partie en trois Chapitres, qui renferment plusieurs Sections.

Dans le premier Chapitre on traite des Plans ou Cartes qui peuvent être tracées ſur les différens terrains, avec la maniere de les éxécuter.

Le ſecond Chapitre traite des Piramides. On y trouve une deſcription éxacte de toutes leurs figures, & des couleurs qu'on eſt obligé d'y employer, avec une explication ſuccinte des ſignifications attribuées à la variété de ces figures & de leurs couleurs.

Et le troiſiéme Chapitre expoſe le rapport plus particulier de nos Piramides à l'Hiſtoire, avec la deſcription des arbres dont nous nous ſervons pour rendre ſenſibles & expoſer aux yeux toutes les diviſions néceſſaires à la connoiſſance de cette Science.

CHAPITRE

CHAPITRE I.

DES PLANS OU CARTES.

NOUS ne répéterons point ici ce que nous avons dit dans le Discours préliminaire, pour démontrer que la Géographie & l'Histoire peuvent être appliquées à des objets extérieurs & sensibles, qui disposés avec art, & présentés avec ordre & ménagement, imprimeront avec facilité dans l'esprit des jeunes gens, tous les détails nécessaires pour les conduire insensiblement & sans peine, à la connoissance de ces deux Sciences.

Nous nous flatons donc d'avoir convaincu de la possibilité & de la facilité de la nouvelle Méthode ; ainſi nous allons paſſer à la conſtruction de nos Plans ou Cartes.

SECTION I.

Ce que nous entendons par nos Plans, c'eſt de faire de la maiſon qu'on occupe (telle qu'elle ſoit) une Carte Géographique, dont toutes les parties ſoient ſenſibles, & puiſſent fraper par une vûë continuelle.

Pour y parvenir, il faut commencer par lever un Plan du lieu qu'on a à ſa diſpoſition, ſoit maiſon, ou jardin, & faire en ſorte qu'il ſoit fidéle & bien détaillé, & que tout s'y trouve dans ſa véritable ſituation ; il faut auſſi avoir ſoin de le bien orienter ; c'eſt-à-dire, de marquer de quel côté eſt le Nord, le Midi, l'Orient, & l'Occident.

Sur ce Plan ainſi dreſſé on trace une Carte Géographique, & alors on voit que chaque partie de cette maiſon ou jardin devient différentes parties de la terre, qui s'y trouvent comme tranſportées; on trouve dans telle chambre ou tel cabinet, tel Royaume, ou telle Province; on voit l'étenduë de terrain que chacun renferme, qui ſe trouve dans une proportion égale à celle qu'ils occupent ſur la ſurface de la terre.

Il ſeroit aiſé d'étendre cette idée, & de faire voir le raport qui doit ſe trouver entre toutes les parties de nos Cartes, & celles des différens terrains qu'on peut choiſir pour en faire l'application : Mais le but de notre ſyſtême étant de ſoulager l'eſprit & la mémoire par le ſecours des ſens, nous donnons à la place de ces détails le Plan d'un lieu ſur lequel nous avons tracé une Carte Géographique.

Le terrain que nous choiſiſſons ici pour éxemple, eſt le Jardin des Thuilleries, parce qu'étant aſſez connue de tout le monde, chacun pourra plus aiſément faire les applications néceſſaires pour l'intelligence de notre ſyſtême.

Nous commençons par mettre ſous les yeux le Plan tout ſeul. La premiere Planche (*voyez Planche* I.) repréſente ce Jardin; avec un peu d'attention, on y diſtin-

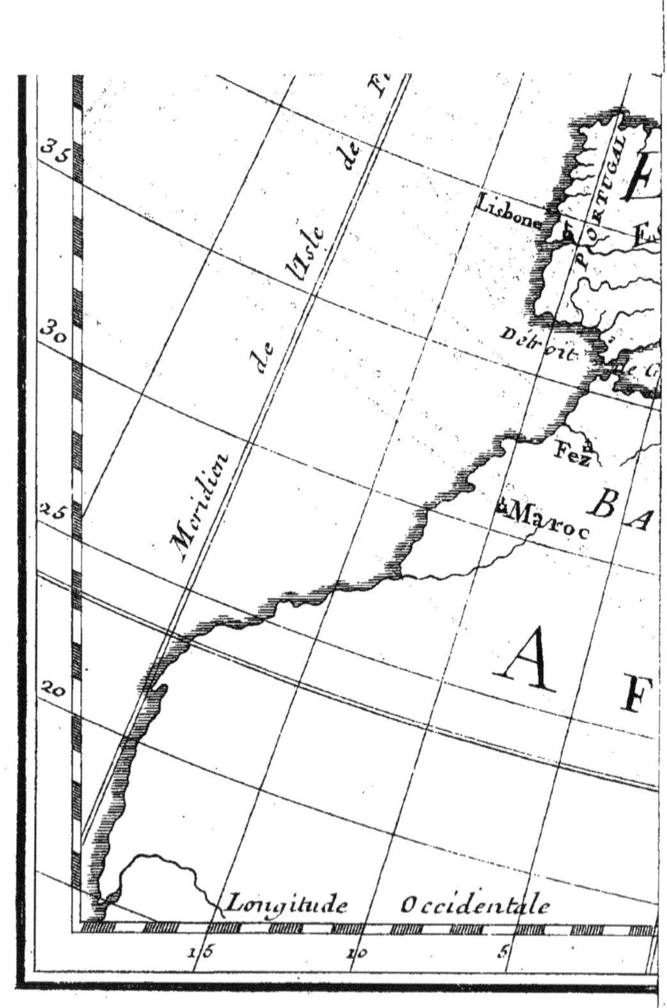
35
30
25
20
Meridien de l'Isle de
Lisbone
PORTUGAL
Détroit
Fez
Maroc
B A
A F
Longitude Occidentale
15
10
5

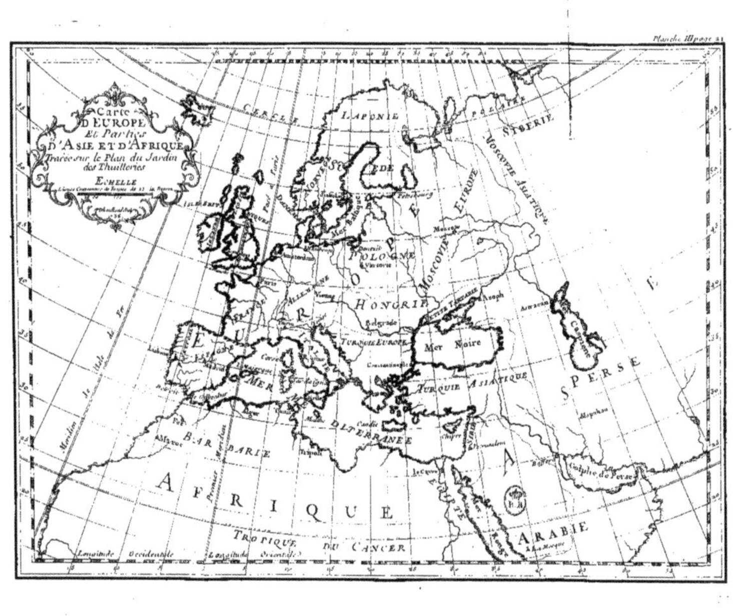
Planche III page 21
Carte
D'EUROPE
Et Parties
D'ASIE ET D'AFRIQUE
Tracée sur le Plan du Jardin
des Thuilleries
ECHELLE
CERCLE POLAIRE
LAPONIE
SIBERIE
MOSCOVIE ASIATIQUE
MOSCOVIE EUROPE
POLOGNE
HONGRIE
Mer Noire
TURQUIE EUROPE
TURQUIE ASIATIQUE
PERSE
Golphe de Perse
ARABIE
MER MEDITERRANEE
BARBARIE
AFRIQUE
TROPIQUE DU CANCER
Longitude Occidentale
Longitude Orientale

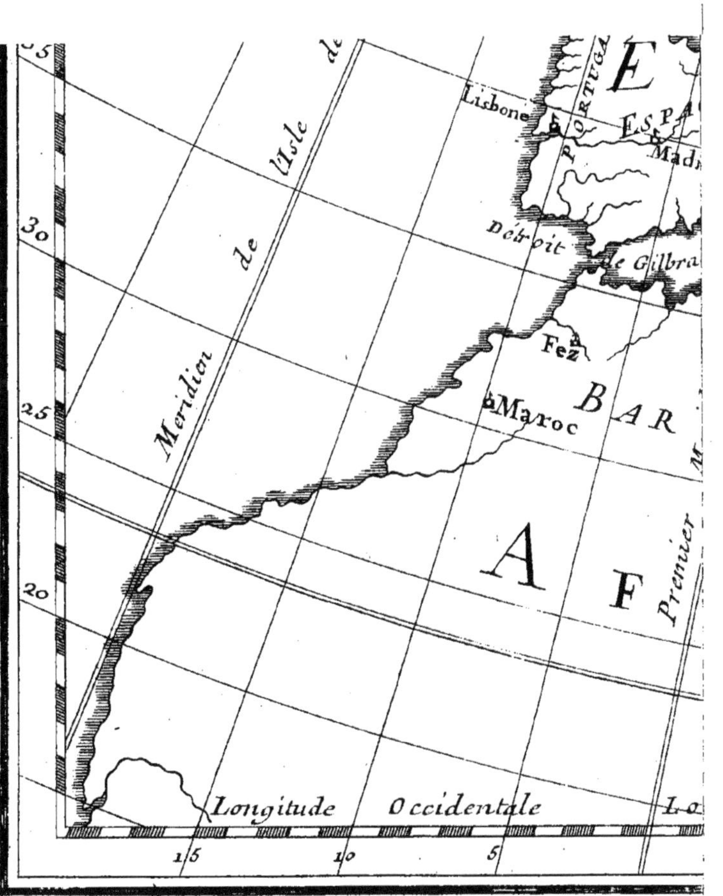
Meridien de l'Isle de
Lisbone
PORTUGAL
E
ESPA
Madr
Détroit de Gilbra
Fez
Maroc
B AR
A F
Premier
Longitude Occidentale
Lo
30
25
20
15
10
5

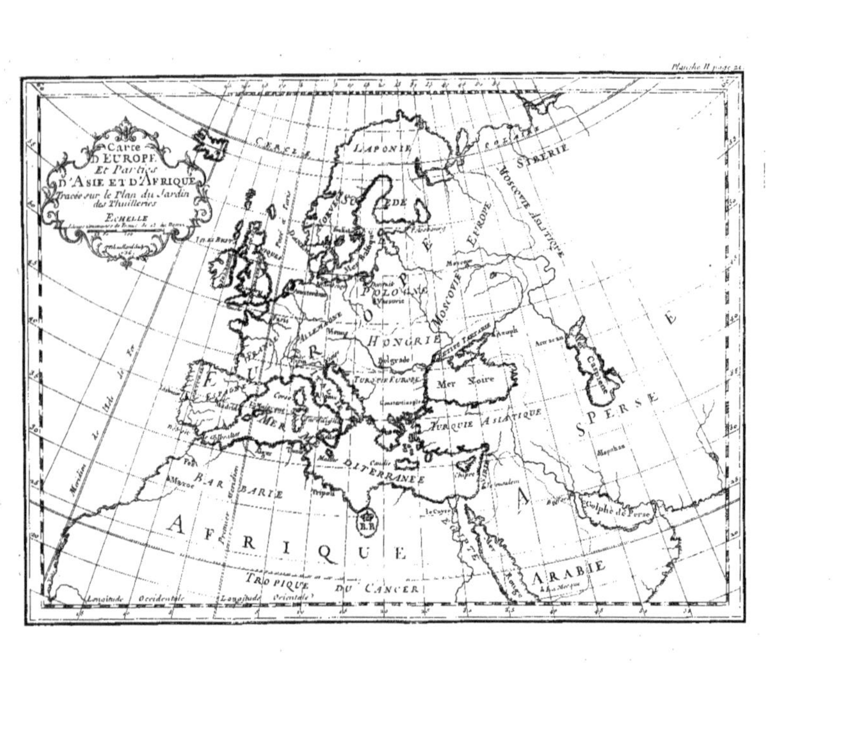
Planche II page 21
Carte
D'EUROPE
Et Parties
D'ASIE ET D'AFRIQUE
Tracée sur le Plan du Jardin
des Thuilleries
ECHELLE
CERCLE
POLAIRE
LAPONIE
SIBERIE
SUEDE
NORVEGE
MOSCOVIE EUROPE
MOSCOVIE ASIATIQUE
Moscou
POLOGNE
Varsovie
ALLEMAGNE
HONGRIE
Belgrade
PETITE TARTARIE
Azoph
Mer Caspienne
Mer Noire
TURQUIE EUROPE
Constantinople
TURQUIE ASIATIQUE
PERSE
Ispahan
Golphe de Perse
ESPAGNE
Madrid
Lisbonne
Gibraltar
Corse
MER MEDITERRANEE
Candie
Chypre
Jerusalem
Le Caire
Tripoly
Malthe
BARBARIE
Maroc
Fez
AFRIQUE
ARABIE
La Mecque
TROPIQUE DU CANCER
Longitude Occidentale
Longitude Orientale
Premier Meridien
Meridien de l'Isle de Fer
EUROPE
ASIE

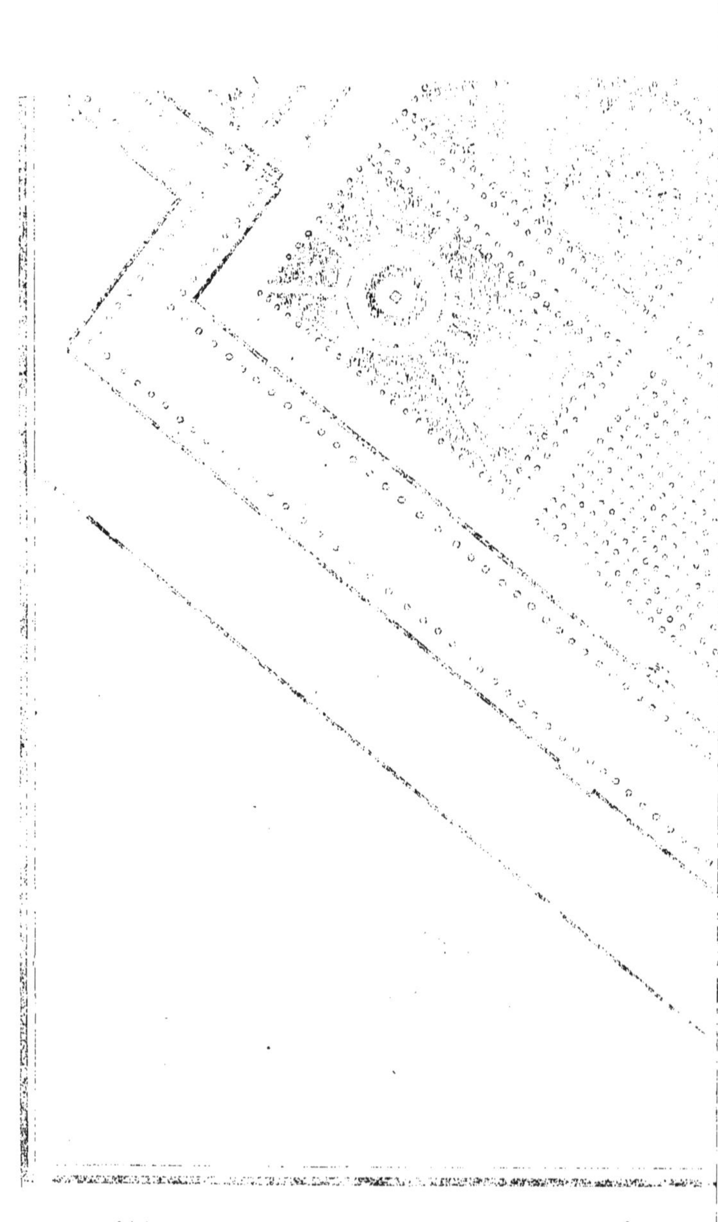

guera ſans peine les Baſſins, les Parterres & les pieces de Gaſon, d'avec les Allées dont les Arbres ſont marqués par des points vuides, aſſez gros, & éloignés les uns des autres. La maniere dont il eſt ici tourné, eſt pour s'orienter comme il doit être par raport aux Cartes, ce qui a fait ſortir quelques parties du Jardin hors de la Planche.

La Carte Géographique qu'on veut appliquer ſur ce Plan, vient enſuite ; (*voyez la Planche deuxiéme*) c'eſt une Carte d'Europe, avec des portions d'Aſie & d'Afrique. Il a été néceſſaire de donner & le Plan & la Carte détachés, avant que de les faire voir appliqués l'un ſur l'autre, parce qu'après les avoir bien éxaminés séparément, il sera plus aisé de les bien reconnoître, & de ne point confondre l'un avec l'autre.

La Planche troisiéme est donc le Jardin des Thuilleries, sur lequel on a fait l'application de la Carte. Il est inutile de dire que ce qui est tracé en jaune, est ce Jardin, & le noir la Carte. Nous croyons à présent qu'on les pourra distinguer sans y trouver de confusion.

On voit par ce moyen quelles parties de la terre, quels Royaumes se trouvent répondre aux différens endroits de ce Jardin; on voit ce que devient une Mer, un Lac, & ainsi de tous les détails de la Carte.

Il n'est pas besoin de faire remarquer que ce que nous faisons ici sur le Plan du Jardin des Thuilleries, se peut faire sur tout autre Plan particulier que ce puisse être : alors on conviendra qu'avec le secours d'une Carte ainsi tracée, on peut soi-même, sans art & sans étude, reconnoître & marquer toutes les divisions Géographiques que la Carte indique, & tout se trouvera dans sa véritable position, qui sera constante & perpétuellement sous les yeux.

SECTION II.

Comme la nouvelle Méthode tire son principal avantage de la simplicité des moyens qu'elle met en œuvre, on ne doit point s'attendre à voir d'abord des Cartes Géographiques chargées de tous les détails qu'elles doivent renfermer, nous ne les ferons paroître que par degrez.

Celle que nous venons de donner, repréſente l'Europe en général, avec partie de l'Aſie & de l'Afrique. (*Voyez Planche* 3.)

Ce qu'on y doit chercher, ſe réduit donc à l'étendue de cette premiere partie du Monde, ſa figure, ſes confins, avec l'Aſie & l'Afrique, quelles Mers en baignent les côtes, le nombre de Royaumes qui la compoſent; leur grandeur, & la ſituation des uns par raport aux autres, avec leurs Capitales ſeulement, & les principales Rivieres; enſuite s'attacher à bien reconnoître à quels endroits du Jardin chacune de ces

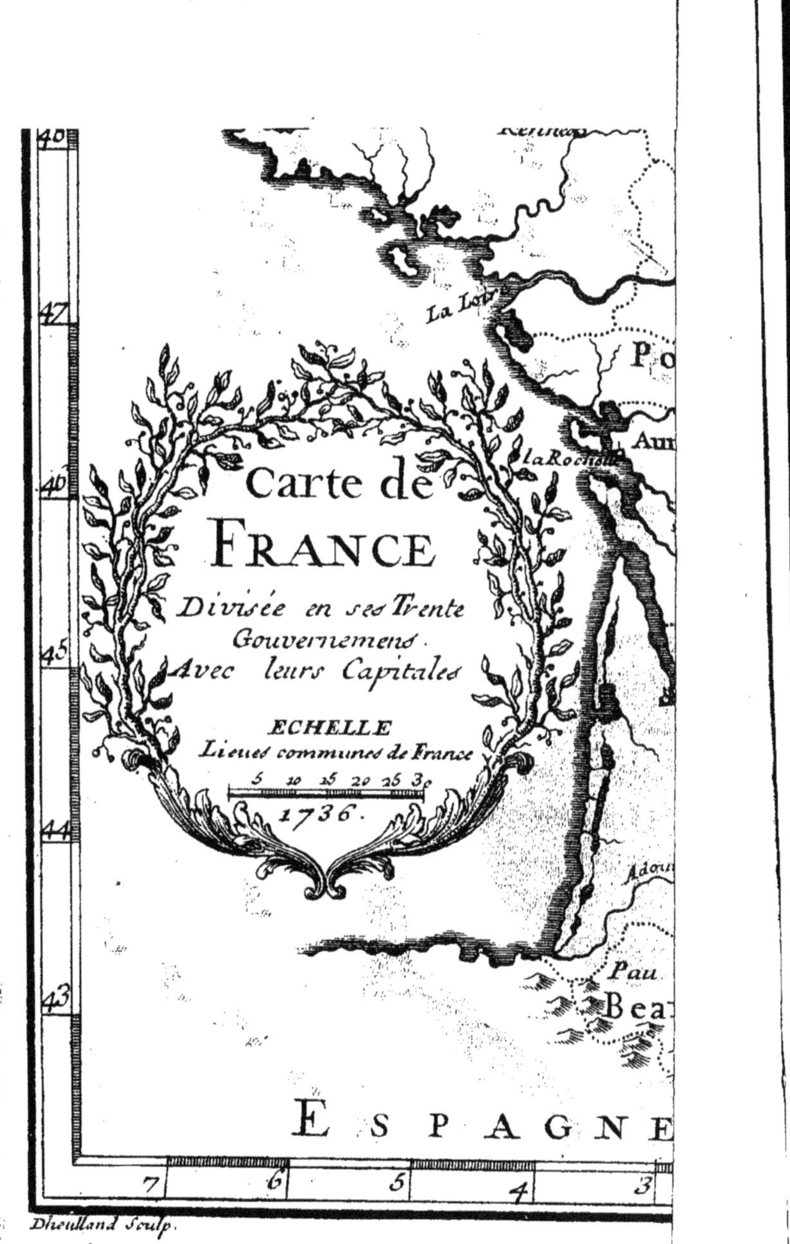

Carte de
FRANCE
Divisée en ses Trente
Gouvernemens.
Avec leurs Capitales
ECHELLE
Lieues communes de France
5 10 15 20 25 30
1736.
La Loire
la Rochelle
Pau
ESPAGNE
47
46
45
44
43
7
6
5
4
3
Dheulland Sculp.

Carte de
FRANCE
Divisée en ses Trente
Gouvernemens
Avec leurs Capitales
ECHELLE
1730
ANGLETERRE
LA MANCHE
Picardie
Normandie
Bretagne
Maine
Anjou
Orleanois
France
Champagne
Lorraine
Alsace
Bourgogne
Franche Comté
Touraine
Berry
Poictou
Marche
Limosin
Xaintonge
Auvergne
Guyenne
Languedoc
Dauphiné
Provence
Bearn
Rousillon
SUISSE
SAVOIE
ITALIE
ALLEMAGNE
ESPAGNE
MER MEDITERRANÉE

parties ſe trouve répondre.

Outre l'Europe, on trouve auſſi dans cette Carte des portions aſſez conſidérables de l'Aſie & de l'Afrique.

Après avoir mis ſous les yeux les ſituations générales, il faut pour entrer dans les détails néceſſaires à la connoiſſance de chaque partie, donner d'autres Cartes.

Si c'eſt, par éxemple, la France que l'on veüille connoître, on remarque ſur la Carte générale quel endroit du Jardin ce Royaume ſe trouve occuper; on en fait un Plan particulier, ſur lequel on trace une Carte de France, que l'on ne chargera pas encore de tous les détails Géographiques; mais qui ſera ſeulement divisée en ses trente Gouvernemens, avec leurs Capitales & leurs principales Rivieres.

Le Plan cy joint, facilitera l'intelligence de cecy. (*Voyez la Planche* 4.)

On sçait que le jaune est la portion du Jardin occupée par la France, sur laquelle on a tracé la Carte, qui n'est pas non plus fort chargée; il suffit qu'elle nous donne une idée générale de ce Royaume divisé en ses trente Gouvernemens, dont elle montre l'étenduë & la situation, de même que le cours des principales Rivieres, & n'avançant que peu à peu & par degrez, nous donnerons une Carte particuliere pour chaque Gouvernement, qui se trouvent ainsi détaillés avec l'éxactitude néceſſaire pour en apprendre parfaitement la Géographie.

Par cette Méthode nous rendons nos Cartes moins chargées, l'uſage en devient plus facile à toutes ſortes de perſonnes, & nous remédions à la confuſion, qui eſt preſque inévitable dans les Cartes ordinaires.

Ce que nous venons de faire pour la France, ſe fera de même pour les autres Royaumes de l'Europe, & enſuite pour les trois autres Parties du Monde.

Nous ne nous étendrons pas davantage ſur ce détail Géographique, qui nous meneroit trop loin, & qui appartient à la ſeconde partie de notre Méthode.

Cependant avant que de finir ce Chapitre, nous ajoûterons encore quelques réfléxions ſur les divers Plans ou Cartes qu'on peut tracer ſelon le terrain qu'on a à ſa diſpoſition.

SECTION III.

Quoique nous n'ayons deſſein dans ce que nous donnons aujourd'hui, que d'expoſer ſimplement les moyens dont la nouvelle Méthode prétend faire uſage, & mettre le Public en état d'en juger, ſans entrer dans l'éxécution, nous ne laiſſerons pas de dire quelque choſe ſur la maniere dont nos Cartes ſont conſtruites, & ſur le moyen d'en ſaire l'application ſur quelque terrain que ce ſoit, pour ſatisfaire ceux qui voudroient déja en pouvoir faire uſage.

Une obſervation qu'il eſt néceſſaire de faire, c'eſt qu'on ne doit pas juger du corps de l'Ouvrage par les deux Cartes que l'on vient de donner pour éxemple. Celles qui ſeront dreſſées pour notre Parterre Géographique, ſeront près de moitié plus grandes ; ainſi on ne ſera pas obligé de faire les Plans des lieux ſur leſquels on les voudra appliquer, auſſi petits que nous avons fait celui des Thuilleries, dont on n'a marqué que les maſſes principales pour éviter la confuſion.

On demandera peut-être pourquoi nous n'avons pas fait ceux-cy de la même grandeur. On répond qu'on n'a pas crû qu'il fût utile d'en faire la dépenſe; & par conſéquent d'encherir un ouvrage de la nature de celui-cy, qui n'eſt, à proprement parler, que l'annonce de notre nouvelle Méthode; cependant ce Plan eſt encore aſſez grand, pour que tout s'y puiſſe diſtinguer ſans peine: & à l'égard des détails particuliers, on voit par la quatriéme Planche qui repréſente la France, comment cette partie ſe trouve agrandie; on prendra enſuite chaque Gouvernement ſéparément, ce qui ſera autant de Cartes, qui ſe trouveront ainſi augmentées par degrez; de ſorte qu'il ſera facile de ne rien obmettre, ni de rien négliger.

La premiere choſe qu'on doit donc conſidérer pour faire uſage de nos Cartes, c'eſt l'étenduë du terrain que l'on a à ſa diſpoſition.

Plus ce terrain ſera vaſte, & plus les détails Géografiques qu'on y veut appliquer, ſeront ſenſibles.

Sur un lieu grand comme le Jardin des Thuilleries, ou le Luxembourg, on peut tracer une Carte générale de l'Europe, avec des parties conſidérables de l'Aſie & de l'Afrique, en prenant un pied de diſtance pour repréſenter la longueur d'une lieuë; cette meſure eſt belle & commode, & c'eſt ſur elle que nous avons dreſſé les deux Cartes que nous venons de donner. Mais comme tout le Monde n'a pas de pareilles étenduës chez ſoi, & qu'il eſt de l'eſſence de notre Méthode de mettre tout perpétuellement ſous les yeux, on pourra fort bien ne prendre que ſix pouces ſur ſon terrain pour la longueur d'une lieuë; & même ſi on y eſt forcé par la petiteſſe du lieu, ne donner que trois pouces: dans cette derniere meſure on peut encore tout marquer ſans craindre de confuſion.

Ainſi pour avoir l'échelle, ou la meſure ſur laquelle on doit faire le Plan de ſa maiſon, il ne faut que prendre l'échelle de notre Carte, dont les lieuës deviendront des pieds, c'eſt-à-dire, que la grandeur que l'on prend pour déſigner, je ſuppoſe 20. lieuës

lieuës, lorſqu'on dreſſera le Plan de ſa maiſon, cette même grandeur ne repréſentera que 20. pieds : ce qui conſerve une proportion éxacte entre les parties de la Carte & celles du Plan de l'endroit ſur lequel on en veut faire l'application.

Et ſi, comme on vient de le dire, on veut faire ſon Plan plus petit, & qu'au lieu d'un pied, on ne puiſſe donner que ſix pouces, ou trois pouces, il faut alors ne prendre que la moitié, ou le quart de l'échelle.

C'eſt une choſe fort ſimple & fort aiſée, que de tracer, ſelon une meſure déterminée, la grandeur & la figure des lieux que l'on occupe, il ne faut pas d'autre ſcience qu'un peu d'attention, & un peu d'éxactitude.

Il n'eſt pas plus difficile de rapporter, ou d'appliquer ce Plan ſur nos Cartes ; on peut voir ce que nous avons dit ſur ce ſujet dans la premiere & ſeconde Section de ce Chapitre.

On ſe flate donc d'avoir donné une idée aſſez claire de ce que nous entendons par nos Plans & nos Cartes, & l'uſage que nous en voulons faire pour la Géographie, on voit que par leur moyen chacun peut avoir dans ſa maiſon une Carte Géographique, dont toutes les parties ſeront diſtinctes, & perpétuellement ſous les yeux : Et pour marquer plus particulierement ſur le terrain le cours des Rivieres, nous avons des Rubans uniquement deſtinés pour les tracer, avec lesquels il est aisé de représenter tous les tours & retours qu'elles peuvent faire. Ces Rubans sont construits avec tel artifice, que les differentes couleurs qu'on y trouve d'espace en espace, servent à faire connoître vers quelle partie du monde s'étend chaque sinuosité de la Riviere : mais leur description ne peut pas avoir ici sa place, il faut auparavant connoître l'usage particulier qu'on fait des couleurs dans nôtre Parterre Géographique, ce qui se verra dans le Chapitre suivant. Ainsi nous sommes obligés de remettre à expliquer ces Rubans & leurs usages dans la seconde partie de notre Méthode, aussi-bien que quelques autres détails sur les Plans & sur les Cartes que nous n'avons pas crû pouvoir séparer du corps de l'ouvrage, & auquel nous renvoyons.

CHAPITRE II.

DESCRIPTION DES PIRAMIDES.

NOUS avons expliqué dans le Chapitre précédeut les Cartes & les Plans du Parterre Géographique, & la maniere d'en faire uſage ; il s'agit préſentement de paſſer aux Piramides, & d'en donner une connoiſſance entiere, d'autant qu'elles ont une connection parfaite avec les Plans dont elles deviendront parties dans la ſuite.

SECTION I.

DES PIRAMIDES EN GENERAL.

Nos Piramides ſont des eſpeces de petites quilles de bois de deux pouces de hauteur, ſur environ neuf lignes de diametre à la baſe. Comme ces Piramides ſont ſemblables à des Echets que l'on place ſur le terrain à meſure qu'on en a beſoin, & ſelon l'ordre & le tems qu'on les veut expoſer aux yeux, il faudra avoir égard à la nature du terrain ſur lequel on prétend les placer, pour donner une figure commode à leur baſe; ſi c'eſt pour mettre dans un Appartement, il faut que la baſe ſoit plate; ſi c'eſt pour un Jardin, il faut qu'elle ait une pointe ou cheville en deſſous, qui puiſſe entrer dans la terre.

On pourroit les faire plus grandes, & l'on convient qu'elles ſeroient préférables, parce que les différentes figures & couleurs qui les compoſent, ſeroient plus ſenſibles ; mais on les a fixées pour le général, à cette hauteur, parce qu'elles feront moins d'embaras, & épargneront de la dépenſe ; & que d'ailleurs leur grandeur eſt ſuffiſante pour que tout ce qu'on y prétend marquer, s'y diſtingue ſans peine.

Ces Piramides ſont de deux ſortes ; les unes repréſentent des Villes, les autres des hommes.

Dans celles qui repréſentent des Villes, on voit de quelle partie du Monde, de quel Royaume, de quelle Province. On voit encore ſi c'eſt Archevêché, ou Evêché ; s'il y a Parlement, Chambre des Comptes, Cour des Monnoyes, Univerſité ; ſi c'eſt un Port de Mer, &c.

Les autres ne ſont pas moins curieuſes. On y trouve des marques qui diſtinguent ſi c'eſt dans la Guerre, dans les Sciences, ou dans les Arts qu'ont brillé les Hommes Illuſtres qu'elles repréſentent ; & enfin de quelle Partie du Monde, de quel Royaume, de quelle Ville ils étoient.

Mais avant que de mettre ſous les yeux ces différentes figures, & d'en donner les explications, il faut dire quelque choſe des couleurs & des proprietés qu'on a été obligé de leur attribuer, d'autant plus qu'elles font une partie eſſentielle de la compoſition de nos Piramides.

SECTION II.

DES COULEURS.

Sans raiſonner ſur les couleurs &

ſur les proprietés qu'on leur peut attribuer, nous expoſons ſimplement l'uſage que nous en prétendons faire dans notre ſyſtême. Il ſuffit de dire que nous en faiſons une ſuite de chifres très-commode, & qui frapera plus ſenſiblement que les chifres ordinaires, pour nous faire diſtinguer, au premier coup d'œil, le lieu, le rang & l'ordre de chaque choſe.

Ceci paroîtra peut-être problematique; mais la vérité en ſera bientôt démontrée.

Qu'on ſe dépoüille de tout préjugé, & qu'on ſe mette à la place d'un homme qui n'a jamais vû les figures des chifres, dont nous nous ſervons pour exprimer les nombres : On lui dit, cette figure (1) vaut *un*; cette autre (2) vaut *deux*; celle-cy (3) vaut *trois*, & ainsi des autres. On est persuadé qu'il lui faudra du tems & de la refléxion pour que son esprit acquiere une connoissance sure & distincte de ces figures; mais qu'à leur place on lui montre du Bleu, du Rouge & du Verd, & qu'on lui dise, c'est *un*, *deux* & *trois*, on sent très-bien que ces couleurs lui seront bien plus faciles à distinguer, & la vûë l'aidera beaucoup plus pour les annoncer à l'esprit, qu'elle ne fait dans chifres ordinaires.

Ainsi nous rapportons tout au premier principe de notre Systême, qui est d'aider l'esprit par le secours des sens.

Valeurs des Couleurs et leur ra

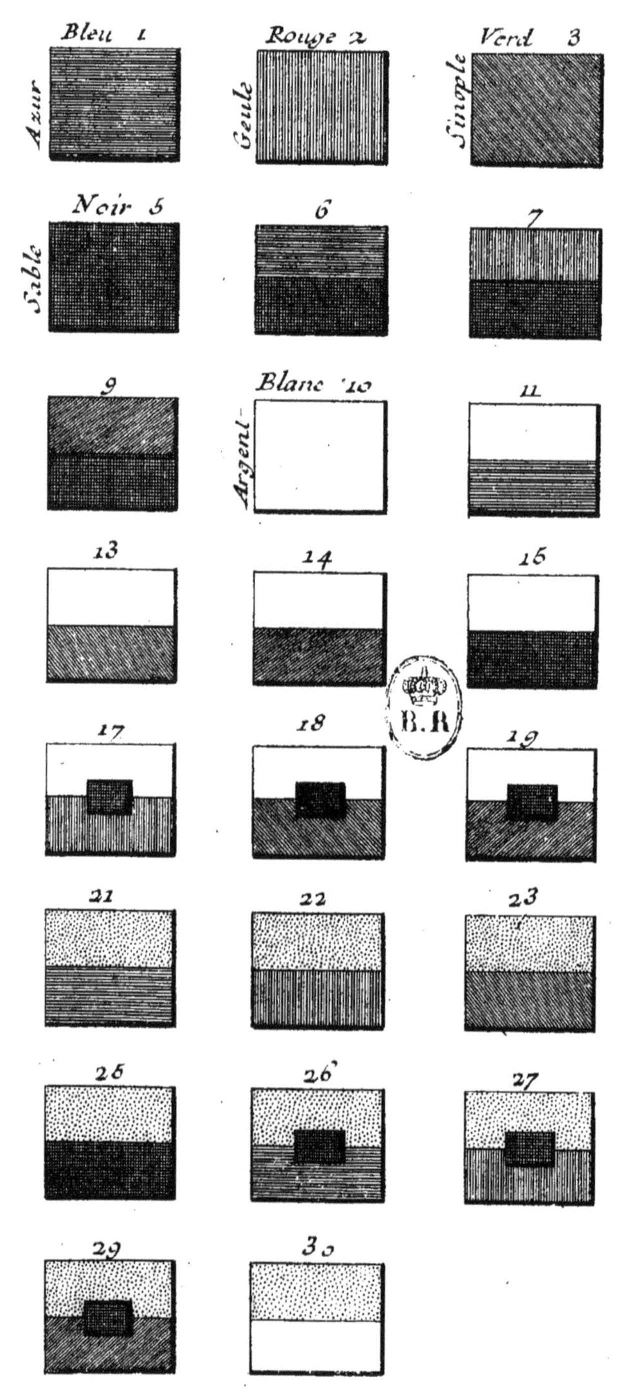

Dheulland Sculp.

Planche V. Pag. 48.

Valeurs des Couleurs et leur rang.

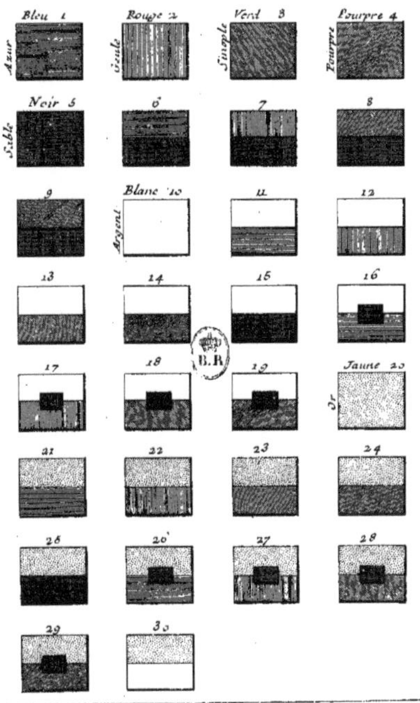

Bleu 1 — Azur

Rouge 2 — Gueule

Verd 3 — Sinople

Pourpre 4 — Pourpre

Noir 5 — Sable

6

7

8

9

Blanc 10 — Argent

11

12

13

14

15

16

17

18

19

Jaune 20 — Or

21

22

23

24

25

26

27

28

29

30

Dheulland Sculp.

VALEURS DES COULEURS, ET LEUR RANG.

Voyez la Planche V.

1	Le Bleu vaut	un
2	Le Rouge	deux
3	Le Verd	trois
4	Le Pourpre	quatre
5	Le Noir	cinq
6	Noir & Bleu valent	ſix
7	Noir & Rouge	ſept
8	Noir & Verd	huit
9	Noir & Pourpre	neuf
10.	Blanc vaut	dix
11	Blanc & Bleu valent	onze
12	Blanc & Rouge	douze
13	Blanc & Verd	treize
14	Blanc & Pourpre	quatorze
15	Blanc & Noir	quinze

16 Blanc & Bleu chargé de Noir feize

17 Blanc & Rouge chargé de Noir dix-fept

18 Blanc & Verd chargé de Noir dix-huit

19 Blanc & Pourpre chargé de Noir dix-neuf

20 Le Jaune vaut vingt

21 Jaune & Bleu valent vingt-un

22 Jaune & Rouge vingt-deux

23 Jaune & Verd vint-trois

24 Jaune & Pourpre vingt-quatre

25 Jaune & Noir vingt-cinq

26 Jaune & Bleu chargé de Noir vingt-fix

27 Jaune & Rouge chargé de Noir vingt-fept

28 Jaune & Verd chargé

de Noir vingt-huit
29 Jaune & Pourpre chargé de Noir vingt-neuf
30 Jaune & Blanc trente

En considérant l'ordre des premieres couleurs & leurs valeurs, on voit qu'on pourroit pousser la varieté encore plus loing, s'il en étoit besoin; mais il nous suffit d'en avoir trente; d'ailleurs cherchant toûjours à simplifier nos moyens, l'usage le plus fréquent ne sera gueres que des cinq ou six premieres; ainsi il sera facile de remarquer Bleu, Rouge, Verd, Pourpre, & Noir. valans un, deux, trois, quatre, & cinq.

Ces cinq premieres couleurs seront donc les seules qu'on commencera à faire connoître aux jeunes gens; à l'égard des autres, elles ne leur seront dévéloppées que lorsqu'on sera déja avancé dans la Méthode.

Les autres significations que nous prétendons attacher aux couleurs, ne peuvent être expliquées que dans la seconde Partie, où nous traitons de l'application des moyens à la Géographie & à l'Histoire.

Nous dirons seulement ici par anticipation, que les quatre premieres couleurs marqueront les quatre parties du Monde suivant leur ordre. La premiere qui est le Bleu, marque l'Europe; la seconde qui est le Rouge, l'Asie; la troisiéme qui est le Verd, l'Afrique; la quatriéme enfin qui eſt le Pourpre, eſt pour l'Amerique.

Elles marquent encore dans le même ordre les quatre points principaux du Monde, le Septentrion, Midi, Orient, Occident.

Après cette explication ſuccinte des couleurs, nous allons revenir à nos Piramides, où elles vont être employées.

SECTION III.

FIGURES PARTICULIERES des Piramides.

On a vû dans la premiere Section de ce Chapitre, que les Piramides ſont de deux ſortes; les unes repréſentent des hommes, les autres des Villes. Commençons par celles qui caracteriſent les Villes.

PIRAMIDES REPRESENTANS des Villes.

Ce que l'on doit d'abord chercher dans la Piramide qui représente une Ville, c'est de connoître de quelle partie du Monde elle est; soit d'Europe, d'Asie, d'Afrique, ou d'Amerique; ce qui se connoîtra à la figure du pied-d'estal.

PIRAMIDE D'UNE VILLE d'Europe.

Voyez Planche 6. Figure 1.

La Piramide qui représente une Ville d'Europe, a son pied-d'estal tout uni, sans aucun cordon ou moulure.

AN

erch
te u
que
d'F
An
fig

L L

te t
-de
mc

MIL

Piramides representant des

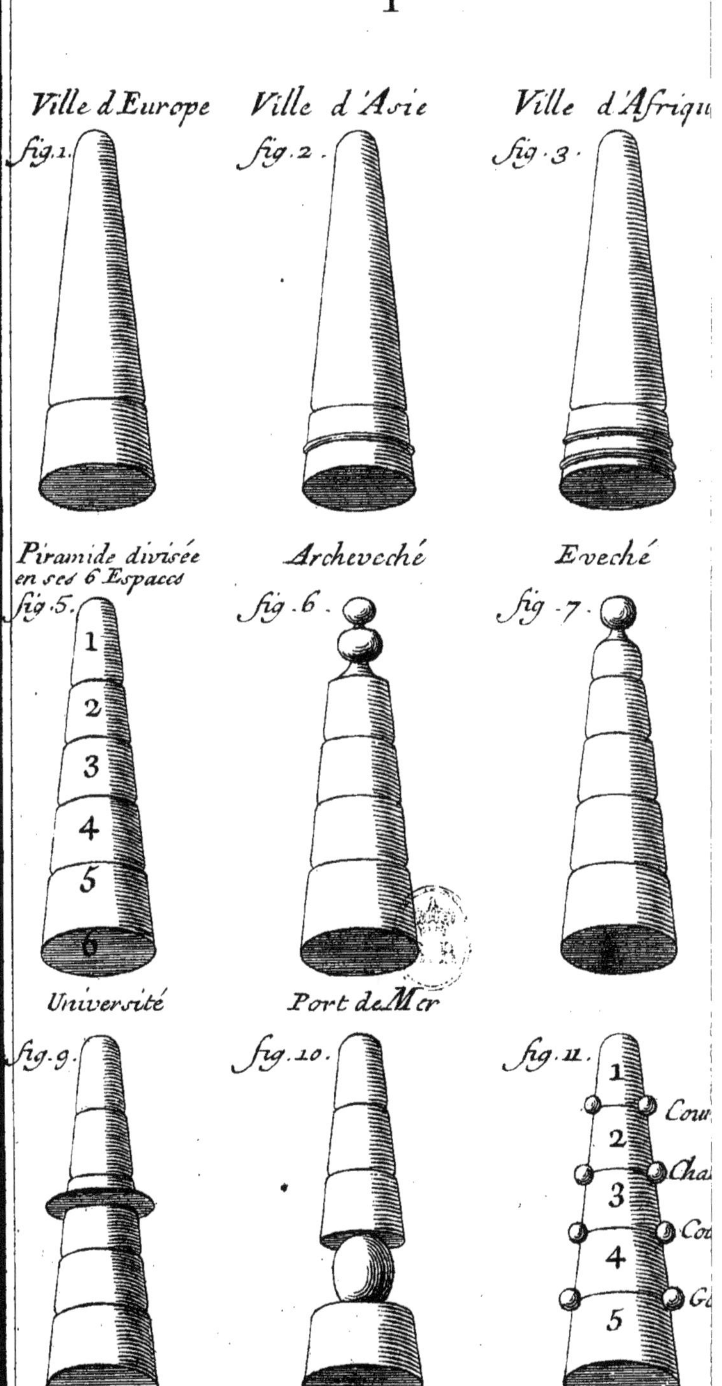

Dheulland Sculp

Planche VI. Page 48.

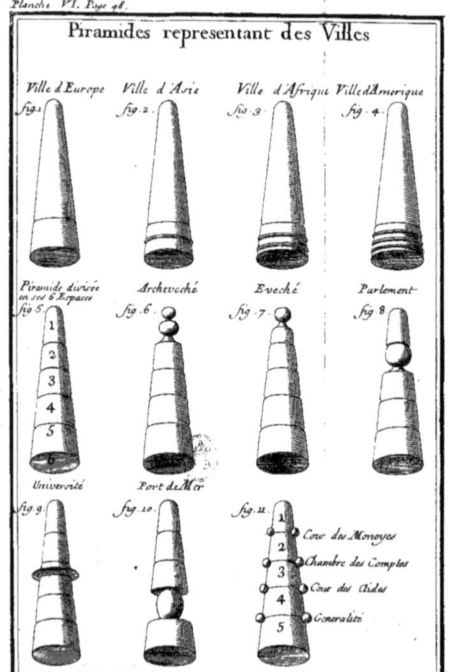

Dheulland Sculp

PIRAMIDE D'UNE VILLE D'ASIE.

Voyez Planche 6. Figure 2.

Celle qui représente une Ville d'Asie, a une moulure ou cordon au milieu de son pied-d'estal.

PIRAMIDE D'UNE VILLE d'Afrique.

Voyez Planche 6. Fig. 3.

La Piramide qui répréfente une Ville d'Afrique, a deux cordons ou moulures au milieu de son pied-d'estal.

PIRAMIDE D'UNE VILLE d'Amerique.

Voyez Planche 6. Figure 4.

Celles d'Amerique ont leur pied-d'estal chargé de trois cordons.

☞ Il faut observer que ces marques du pied-d'estal de nos Piramides, sont communes à toutes, soit qu'elles représentent des Villes ou des Hommes.

Ayant ainsi connu par le pied-d'estal de quelle partie du Monde est l'Homme ou la Ville, il faut voir de quel Royaume, de quelle Province, & ensuite de quels faits Historiques cette Ville a été le théatre.

Pour cet effet on a divisé la Piramide en six parties; les cinq premieres partagent également sa hauteur depuis la base jusqu'au sommet, & la sixiéme est la base ou le dessous de la Piramide.

Ces six espaces ou parties sont distinguées par les couleurs.

PIRAMIDE DIVISÉE en ſes ſix eſpaces.

Voyez Planche 6. Figure 5.

Le premier eſpace eſt ce qui marque le Royaume.

Le ſecond marque la Province ou le Gouvernement.

Le troiſiéme déſigne le rang de cette Ville, eu égard aux autres de ſa Province; c'eſt-à-dire, ſi elle eſt la ſeconde, ou la troiſiéme de cette Province.

On voit donc que les trois premiers eſpaces ſont deſtinés pour la Géographie; les trois autres ſont pour l'Hiſtoire.

Mais avant que d'expliquer ces trois derniers, il faut donner de ſuite tout ce qui appartient à la Géographie ; ainſi nous allons expoſer aux yeux les figures que nous employerons pour marquer, Archevêché, Evêché, Parlement, Univerſité, Port de Mer, Cour des Monnoyes, Chambre des Comptes, Cour des Aydes, & Généralité.

PIRAMIDE REPRESENTANT Archevêché.

Voyez Planche 6. Figure 6.

L'Archevêché ſe marque par deux petites Pomettes au ſommet de la Piramide, ou premier eſpace.

PIRAMIDE REPRESENTANT Evêché.

Voyez Planche 6. Figure 7.

La marque de l'Evêché eſt une Pomette ſeule au ſommet de la Piramide ou premier eſpace.

PIRAMIDE REPRESENTANT Parlement.

Voyez Planche 6. Figure 8.

Le Parlement eſt déſigné par un Globe ou Boule, beaucoup plus groſſe que les précédentes, & placé au ſecond eſpace.

PIRAMIDE MARQUANT Univerſité.

Voyez Planche 6. Figure 9.

Pour marquer l'Univerſité, c'eſt une Plate-forme au milieu du troiſiéme eſpace de notre Piramide.

PIRAMIDE MARQUANT Port de Mer.

Voyez Planche 6. Figure 10.

Le Port de Mer ſe connoît par une

fuſée ou olive, au quatriéme eſpace.

PIRAMIDE AVEC LES MARQUES

de Cour des Monnoyes, Chambre des Camptes, Cour des Aydes, & Généralité.

Voyez Planche 6. Figure 11.

On diſtingue la Cour des Monnoyes par deux eſpeces de petits Boutons en ſaillie, entre le premier & le deuxiéme eſpace.

La Chambre des Comptes, par ces deux Boutons placés entre le ſecond & le troiſiéme eſpace.

La Cour des Aydes les a entre le troiſiéme & le quatriéme.

La Généralité ſe connoît par ces deux petits Boutons, entre le quatriéme & le cinquiéme eſpace; c'eſt-à-dire, au-deſſus du pied-d'eſtal de la Piramide.

Planche VII pag. 55.

Piramide Chargée de tous les differens

Fig. 1.

Les 6. Espaces de la Piramide

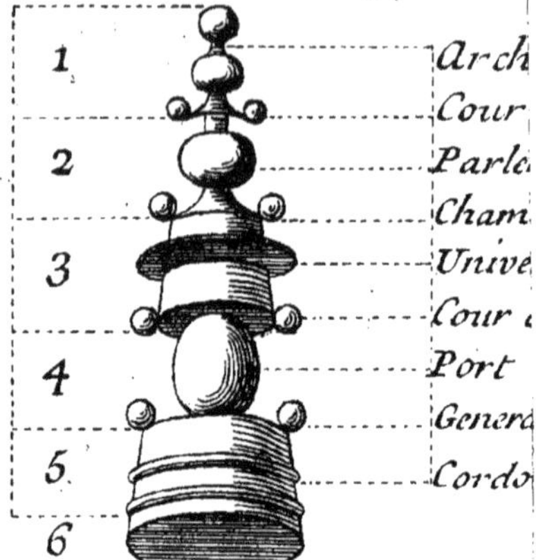

Piramides representans des Hommes Ill

Fig. 2.

Fig. 3.

Fig. 4.

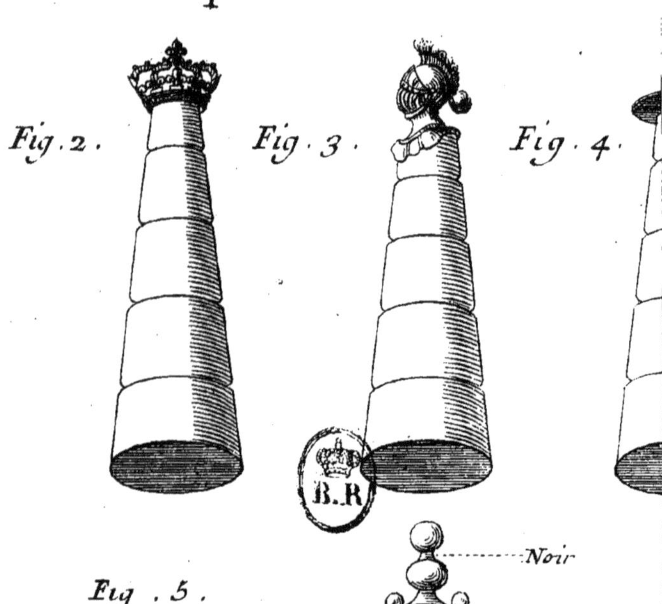

Fig. 5.

Piramide avec ses Emaux ou Couleurs

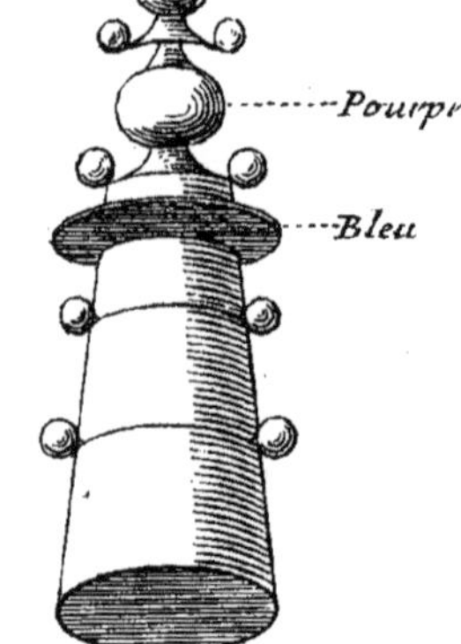

Dheulland Sculp.

Planche VII pag. 55.

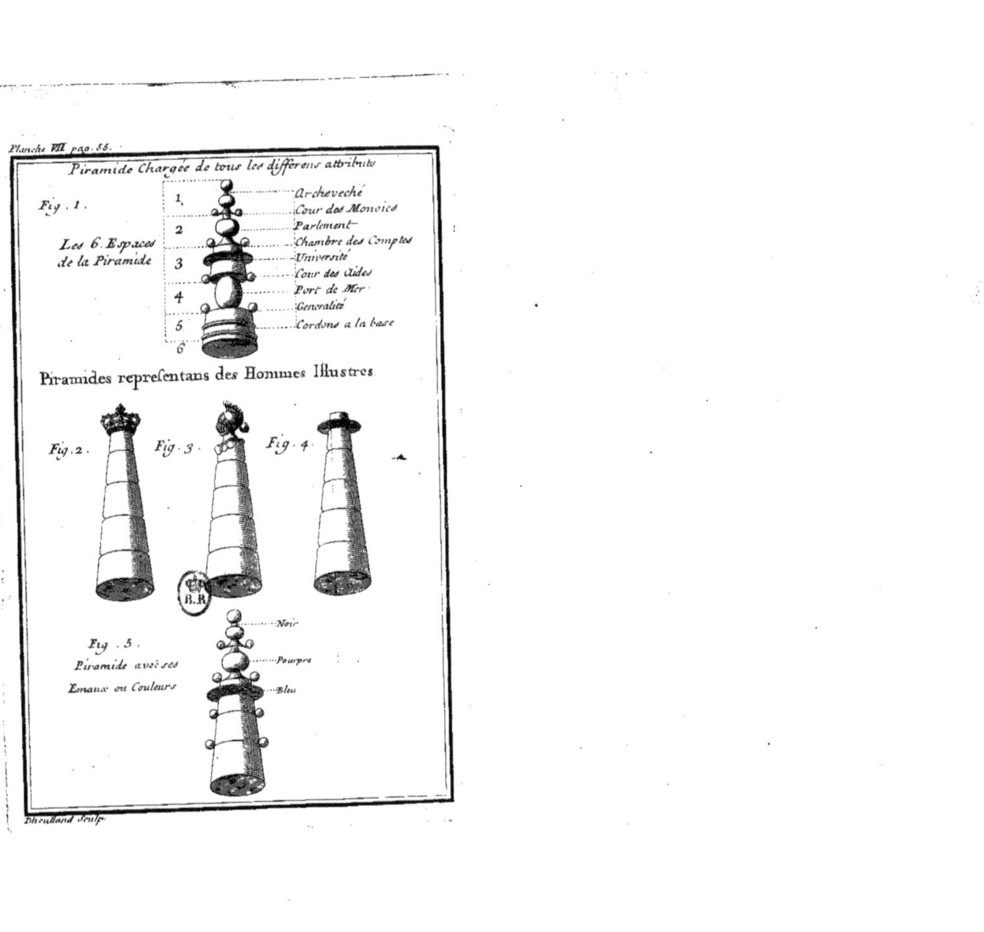

Dheulland Sculp.

Voilà une description éxacte de tous les différens signes employés dans nos Piramides ; & quand même ils se trouveroient tous réünis dans une seule (ce qui ne peut pas être) ils ne causeroient pas la moindre confusion, comme on le peut voir dans la figure cy jointe, *Planche* 7. *Figure* I.

Il faut se souvenir que nous avons partagé nos Piramides en six espaces, dont les trois premiers ont été expliqués ; il nous reste encore à faire voir les trois derniers, qui sont destinés pour indiquer les divers événemens & faits Historiques ; ainsi le quatriéme espace nous montre de quelle nature est le fait d'Histoire qui se raporte à cette Piramide, si c'est de l'Histtoire Sainte, de l'Hiſtoire Profane; de l'Hiſtoire de France, ou de l'Hiſtoire univerſelle. Le cinquiéme marque l'âge ou le ſiécle de ce fait Hiſtorique : Et le ſixiéme, qui eſt le deſſous de la Piramide, indique l'article & la page de notre Méthode où ce fait eſt énoncé.

C'eſt ici où les couleurs ſont employées avec cet art ſimple & naturel, qui fait le principal avantage de notre Méthode : Ce ſont elles qui diſtinguent nos eſpaces, & qui expriment tout ce qui doit y être repréſenté.

Mais avant que de paſſer à cette explication, il faut donner la deſcription de notre ſeconde eſpece de Piramide qui repréſente des hommes.

PIRAMIDES REPRESENTANS des Hommes Illuſtres.

Tout ce qui a été dit cy-devant du pied-d'eſtal des Piramides, de leurs ſix eſpaces, & des couleurs qui les diſtinguent, eſt commun à toutes, ſoit qu'elles repréſentent des Hommes, ou des Villes; la différence n'eſt que dans le haut de la figure. Tous les hommes illuſtres que l'Hiſtoire nous préſente, ſe réduiſent à ces trois claſſes, le Monarque, le Capitaine, & l'Auteur.

PIRAMIDE REPRESENTANT un Monarque.

Voyez Planche 7. Figure 2.

La Piramide qui nous indique un Monarque, aura un Couronne au ſommet

PIRAMIDE REPRESENTANT *un Capitaine.*

Voyez Planche 7. Figure 3.

La Piramide qui repréſente un Capitaine, aura un Caſque au ſommet.

PIRAMIDE REPRESENTANT *un Auteur.*

Voyez Planche 7. Figure 4.

Enfin celle qui déſigne un Auteur, a un Chapeau.

SECTION IV.

EXPLICATION
d'une Piramide particuliere avec différens Attributs.

Cette Section n'eſt qu'une récapitulation des trois précédentes, afin de raprocher dans un ſeul point de vûë toutes les parties que nous avons été contrains, pour plus de clarté, d'expoſer les unes après les autres, & par ce moyen en faciliter l'application.

La figure cy jointe, eſt une Piramide qui repréſente une Ville. (*Voyez Planche* 7. *Figure* 5.)

Je veux ſçavoir d'abord de quelle partie du Monde elle eſt : je regarde à la baſe, je trouve le pied-d'eſtal tout uni, ſans aucun cordon ni moulure, cela m'indique que cette Ville eſt d'Europe.

Je cherche enſuite de quel Royaume, je vois la couleur du premier eſpace, il eſt ici noir, cette couleur vaut cinq, le Royaume qui paroît le cinquiéme dans la diviſion Géographique que nous faiſons des parties de l'Europe, c'eſt la France ; cette Ville eſt donc de la France.

Je veux ſçavoir de quelle Province, c'eſt le ſecond eſpace qui me l'indique, il eſt pourpre, qui par la valeur de mes couleurs, marque quatre ; donc c'eſt le quatriéme Gouvernement, qui eſt l'Iſle de France, ſuivant la diviſion faite de ce Royaume dans notre nouvelle Méthode.

Le troiſiéme eſpace marque le rang de la Ville ; il eſt bleu premiere couleur : c'eſt la premiere Ville ou la Capitale de l'Iſle de France, Paris.

Je vois enſuite deux Pommettes au premier eſpace, c'eſt un Archévêché.

Un Globe ou Boule au ſecond eſpace, il y a Parlement.

Une Plateforme au troiſiéme eſpace, c'eſt Univerſité.

Je remarque deux petits Boutons entre le premier & le ſecond eſpace, c'eſt Cour des Monnoyes.

Deux autres Boutons entre le ſecond & le troiſiéme, c'eſt Chambre des Comptes.

Deux petits Boutons entre le troiſiéme & le quatriéme eſpace, c'eſt Cour des Aydes.

Enfin deux Boutons entre le quatriéme & le cinquiéme eſpace, marquent la Généralité.

Voilà tout ce qui concerne la Geographie dans ma Piramide.

Pour l'Hiſtoire, on ſçait que ce

ſont les trois autres eſpaces qui l'indiquent. Je vois donc ici que le quatriéme eſt verd, cette couleur vaut trois ; c'eſt l'Hiſtoire de France qui tient le troiſiéme rang dans notre Méthode : donc le verd m'annonce un fait de l'Hiſtoire de France.

En quel tems ce fait eſt-il arrivé ? La couleur du cinquiéme eſpace le marque ; elle eſt noire, le noir vaut cinq, c'eſt dans le cinquiéme ſiécle.

Et pour détailler ce fait, le deſſous de la Piramide renvoye à l'endroit de notre Méthode où il eſt énoncé.

CHAPITRE III.

EXPLICATION PARTICULIERE DES PIRAMIDES PAR RAPPORT A L'HISTOIRE, *ET LA DESCRIPTION* DES ARBRES HISTORIQUES.

PAR l'explication des Plans & des Piramides qui a été faite dans les deux chapitres précédens, nous nous flatons d'avoir démontré que la Géographie y peut être appliquée avec une netteté & une éxactitude qui en rendra l'usage simple & facile à tout le monde.

Il ne nous reste plus qu'à faire voir que nous avons le même avantage pour l'Hiſtoire, quoiqu'elle ſemble du premier coup d'œil, être un peu plus difficile à appliquer à des objets extérieurs.

Pour y parvenir, nous ſommes obligés de rappeller ici ce que nous avons dit dans le chapitre précédent ſur les couleurs, la figure & les diviſions ou eſpaces de nos Piramides.

Mais nous avons démontré qu'elles ſervent également à la Géographie & à l'Hiſtoire; que des ſix eſpaces qui les partagent, les trois derniers ſont uniquement employés pour les faits Hiſtoriques. Que l'un de ces eſpaces nous repréſente de quelle nature eſt ce fait, l'autre en quel ſiécle il s'eſt paſſé, & le dernier marque l'article & la page de notre Méthode de où il en eſt parlé.

Ainſi on ne peut tenir une Ville, qu'on ne voye en même tems de quel fait Hiſtorique cette Ville a été le théâtre, & en quel ſiécle cela eſt arrivé.

Mais cela n'eſt pas ſuffiſant pour une Science auſſi étenduë que l'Hiſtoire; & que nous voulons rendre à la jeuneſſe, auſſi ſimple & auſſi facile, que les amuſemens les plus ordinaires.

C'eſt ce qui nous a fait faire des Piramides qui repréſentent des hommes, & dont nous n'avons donné qu'une deſcription ſuccinte.

On a vû que les unes repréſentent des Monarques, les autres des Capitaines, & les dernieres, des Auteurs.

Sous le nom de Monarque, nous comprenons les Chefs du Peuple de Dieu, les Fondateurs des Empires, les Papes, les Empereurs, les Rois, & généralement tous les Souverains.

La Couronne au ſommet de la Piramide, eſt ce qui nous déſigne cette premiere claſſe, & on obſerve que cette Couronne ſera variée, & ſa figure différente ſelon le ſujet ; de ſorte qu'il ſera aiſé de diſtinguer un Chef du Peuple de Dieu d'avec un Pape, un Empereur d'avec un Roy de France, & ceux-cy d'avec les autres Souverains de l'Europe.

Par le nom de Capitaines, on entend les Généraux d'Armées, & tous les grands Hommes qui ont brillé dans les armes, qui ſeront caractérifés par différens attributs.

Sous le nom d'Auteurs nous renfermons ceux qui fe font diftingués dans les Sciences, dans les Arts, ou dans les belles Lettres, & nous avons pour cette troifiéme claffe la même attention que pour la premiere ; il faut qu'on voye au premier coup d'œil fi c'eft un Pere de l'Eglife, ou un Auteur profane, un Grammairien ou un Poëte, un Hiftorien ou un Philofophe, dont les différences feront fenfibles au fommet.

Au moyen de cette divifion & de la variété de ces figures, nous pouvons expofer aux yeux toutes fortes de fujets fans la moindre peine, ni la moindre confufion. D'ailleurs nos Piramides font ornées de couleurs, qui ont leurs ſignifications, & deſquelles nous nous ſervons au lieu de chifres, pour repréſenter l'ordre & le rang de nos diviſions Hiſtoriques. Ainſi en voyant ces couleurs, on connoît ſi c'eſt un fait d'Hiſtoire ſainte, d'Hiſtoire prophane, ou d'Hiſtoire de France, que la Piramide annonce.

Les Piramides ſeules ſont donc ſuffiſantes pour rappeller les faits Hiſtoriques, & pour en fixer l'ordre & l'arrangement dans la mémoire par le ſecours d'une vûë fréquente & ménagée avec art. Mais comme ces figures muettes ne nous font que préſenter le fait d'Hiſtoïre en général, ſans pouvoir entrer dans le détail néceſſaire, pour nous le raconter dans toutes ſes particularités, nous avons été obligés de faire un nombre de ſentences ou phraſes, qui renferment chacune un fait d'Hiſtoire; chaque ſentence ne contient pas plus de ſept ou huit mots, & ce ſont elles qui font (ſi l'on peut s'exprimer ainſi) parler nos Piramides, & qui ſerviront infiniment à remplir & fixer la mémoire, ſur-tout pour les jeunes gens qui ſont ſortis de l'enfance; car pour les enfans, on leur fera apprendre ces phraſes ſans qu'ils paroiſſent les étudier.

Nous les avons réduites à environ douze cens, que nous croyons ſuffiſantes, & qui ſont diſtribuées aux différentes diviſions qu'on eſt obligé de faire de l'Hiſtoire.

Nous la partageons donc en cinq classes, dont chacune a ses divisions particulieres.

La premiere, sera l'Histoire Sainte.

La seconde, l'Histoire Profane, depuis le commencement du Monde jusqu'à Jesus-Christ.

La troisiéme, l'Histoire de France.

La quatriéme, l'Histoire Ecclésiastique.

Et la cinquiéme, l'Histoire universelle, depuis Jesus-Christ jusqu'à présent.

Pour rendre cette division sensible, & la pouvoir exposer aux yeux à chaque instant, nous en composons un Arbre, dont le tronc nous représente l'Histoire, qui pousse cinq bran-

ARBRE

Representant l'Histoire Sainte div

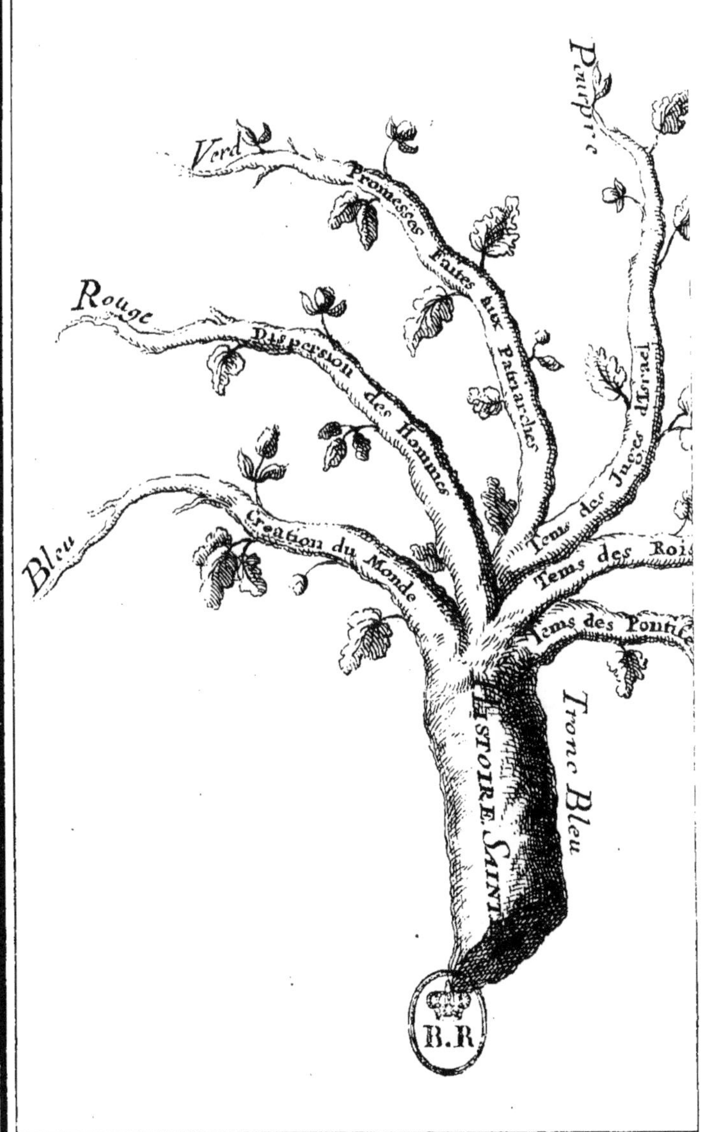

ARBRE
Representant l'Histoire Sainte divisée en VI. Ages.
Vert
Rouge
Bleu
Dispersion des Hommes
Création du Monde
Tems des Rois
Noir
et Bleu
Tronc Bleu
B.R

ARBRE HISTORIQU

Representant la Division génér

en Cinq Classes

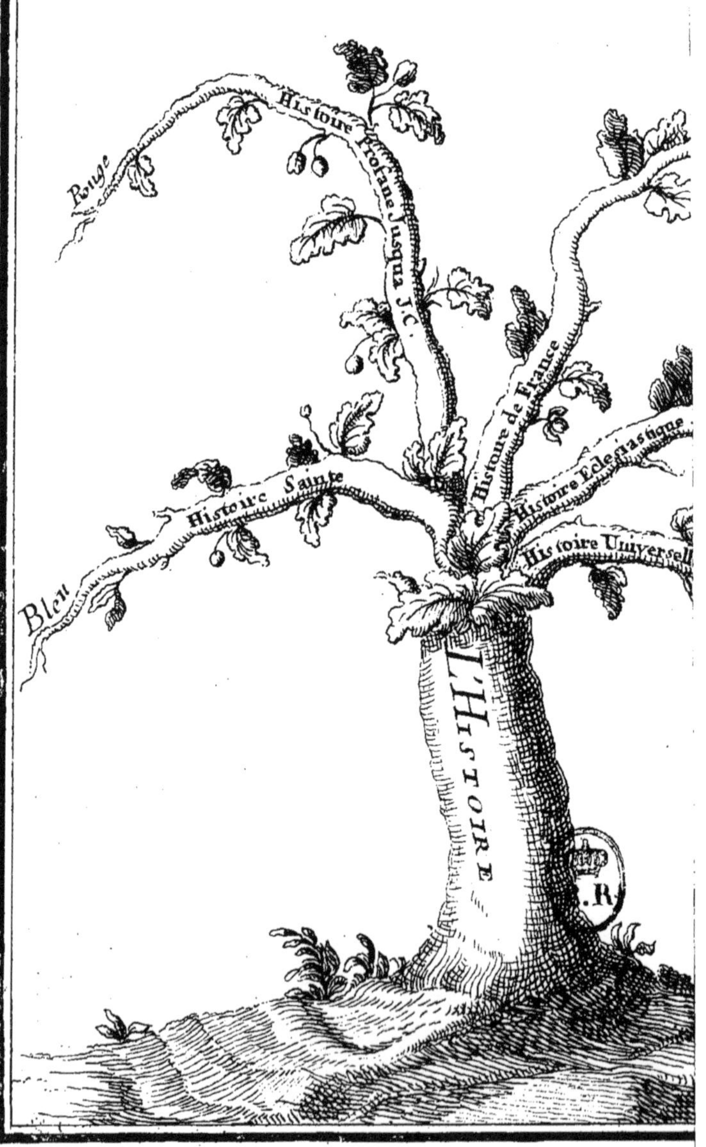

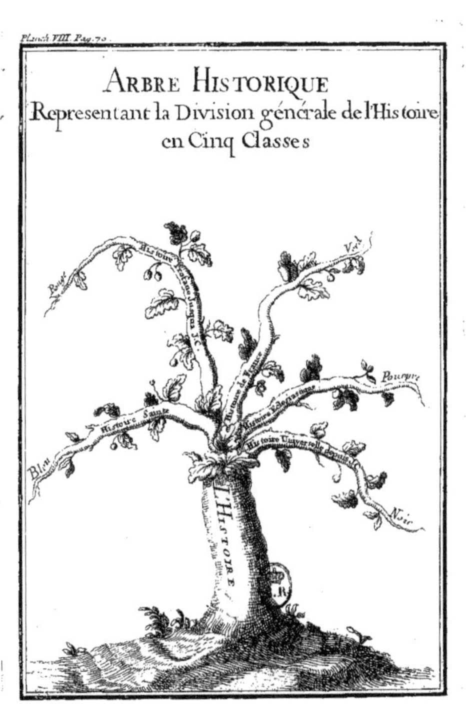
Planch. VIII. Pag. 70.
ARBRE HISTORIQUE
Representant la Division générale de l'Histoire
en Cinq Classes
Rouge
Histoire Profane jusqu'a J.C.
Verd
Histoire de France
Pourpre
Histoire Sainte
Bleu
Histoire Universelle depuis J.C.
Noir
L'HISTOIRE

ches, ou plutôt cinq autres arbres, qui ſont nos cinq claſſes ; les couleurs de ces branches ſont voir l'ordre & le rang que chacune tient. (*Voyez Planche* 8. *Figure* 1.)

Chacune de nos cinq branches fait enſuite en ſon particulier un nouvel Arbre.

Par éxemple, la premiere branche qui eſt l'Hiſtoire Sainte, forme un autre Arbre, auquel nous donnons ſix branches, pour repréſenter les ſix âges qui ſervent à partager l'Hiſtoire Sainte. (*Voyez Planche* 9. *Figure* 1.

Le premier âge ou la premiere branche, eſt la création du Monde.

Le ſecond, la diſperſion des hommes.

Le troiſiéme, l'âge des promeſſes faites aux Patriarches.

Le quatriéme, le tems des Juges d'Iſraël.

Le cinquiéme, le tems des Rois partagés en Rois de Juda & Rois d'Iſraël.

Et le ſixiéme, le temps des Pontifes après la captivité de Babylone.

Il faut obſerver que le tronc de ce nouvel arbre, conſerve la couleur qu'il avoit, comme branche de celui qui nous repréſente la diviſion générale de l'Hiſtoire. (*Voyez les Planches précédentes* 8. *&* 9.) Dans le premier Arbre on voit que la branche de l'Hiſtoire Sainte eſt bleuë; le tronc du ſecond qui annonce cette partie, eſt bleu, & ſes branches reprennent chacune en particulier, des couleurs propres à marquer le rang qu'elles ont entre elles.

Nous ne pousserons pas plus loin le détail des Arbres Historiques ; ce qu'on en vient de montrer est suffisant pour les faire connoître.

Nous dirons donc hardiment que la vûë continuelle de ces Arbres imprimera nécessairement dans l'esprit toutes nos divisions Historiques, avec un ordre & un arrangement que rien ne pourra troubler, & que les phrases ou sentences que l'on apprendra en conformité de ces divisions, s'appliqueront & se fixeront d'elles-mêmes sur toutes ces figures. Joignant à cela nos Piramides où les principaux faits de l'Histoire sont aussi repréſentés, on ſent que ces divers moyens réünis meneront inſenſiblement à une connoiſſance ſure & parfaite de cette Science.

Qu'on ne diſe pas que par nos Phraſes nous propoſons une Etude, nous avons dit qu'elles ne doivent être préſentées ſous cette forme qu'aux jeunes gens aſſez avancés en âge, pour ſentir qu'il leur eſt honteux d'ignorer ce que des enfans peuvent apprendre en peu de tems ; ceux-là, rédis-je, aiment une petite étude réglée, mais qui ne peut s'appeller ainſi en ſuivant notre Syſtême ; car quand ils n'apprendroient que trois ou quatre ſentences par jour, qui ne font jamais enſemble plus de quatre lignes, c'eſt l'ouvrage d'une année.

Pour les enfans il faut qu'ils les apprennent ſans paroître les étudier : ce qui ſera facile à concevoir, ſi l'on comprend bien l'ordre & l'application particuliere qui lui ſera faite de ces phraſes, & les longs intervalles de tems que nous demandons, pour les pouvoir expoſer les unes aptès les autres.

Si quelqu'un doutoit encore que nos phraſes puiſſent s'apprendre ſans étude, qu'il nous ſoit permis de faire une comparaiſon pour leur faire ſentir combien l'arrangement facilite les choſes qui paroiſſent impoſſibles.

Pour compoſer un ſac de mille livres, prenons des poignées de liards, quelques-unes de ſols marqués, des pieces de ſix ſols, de douze, & de vingt-quatre; qu'on y joigne des écus de trois livres, des écus de ſix livres, en un mot toutes ſortes d'eſpeces, broüillons les bien, & donnons enſuite cette maſſe à compter à une perſonne en tirant les diverſes eſpeces du ſac les unes après les autres, ſuivant que le hazard les fera venir,

Quelle peine ne ſeroit-ce pas pour celui que nous obligerions de compter toute la ſomme, & ſeroit-il poſſible qu'il en pût venir à bout de cette ſorte? Non certes, ſa mémoire & ſon attention ne lui ſuffiroient pas dans une pareille operation; avec l'aide de la plume, il auroit même bien de la peine à y parvenir. Mais qu'on lui range ces eſpeces, qu'on mette les écus enſemble, les pieces de vingt-quatre ſols, les ſols marqués, les liards, tous rangés ſéparément, alors cette perſonne trouvera la ſomme de mille livres bien aiſément, & bien vîte. Il y a plus, c'eſt qu'il verra au premier coup d'œil le nombre de chacune des différentes eſpeces qui la compoſent; ce qu'il n'auroit pas pû faire auparavant.

Il en eſt de même de l'Hiſtoire; elle nous paroît d'abord un mêlange confus & prodigieux de faits & d'époques qui effrayent la mémoire; mais qu'on ſçache les ranger & les expoſer avec ordre & meſure, les diſtinguant & marquant par des figures également frapantes & amuſantes, alors le cahos diſparoît, tous ces faits s'arrangent, ſe placent & ſe fixent dans la mémoire ſans peine & ſans confuſion, & ſans même que celui qui les apprend, s'en apperçoive.

CONCLUSION
DE CETTE PREMIERE PARTIE.

NOUS ne croyons pas qu'il ſoit beſoin d'étendre davantage cette premiere Partie; ce que nous avons dit eſt ſuffiſant pour faire connoître le but du Parterre Géographique, & les moyens dont on prétend ſe ſervir pour y arriver.

Nous avertiſſons ſeulement que dans l'application de ces moyens à la Géographie & à l'Hiſtoire, qui fait la ſeconde & la principale partie de la nouvelle Méthode, on trouvera un détail particulier pour chacun de ces divers moyens, qui eſt non ſeulement utile, mais que nous aſſurons néceſſaire pour les Maîtres & les Diſciples. C'eſt ce que nous avons crû devoir retrancher de la premiere Partie, d'autant plus qu'elle n'eſt qu'une ſimple expoſition du Syſtême, où il faut non ſeulement éviter la confuſion, mais même répandre le plus de jour qu'il eſt poſſible.

Le Public auroit peut-être ſouhaité que nous euſſions ajoûté ici quelques exemples de leçons, avec leurs applications ſur les divers moyens; c'étoit notre premiere intention: mais après avoir réfléchi, nous n'avons pas crû devoir les détacher de notre ſeconde Partie, parce que ces premieres leçons ſont ſi ſimples, ou pour mieux dire, ſi peu de choſe par elles-mêmes, qu'on n'en tireroit pas grand avantage, étant ſéparés de la ſuite des leçons plus avancées, au lieu que toutes enſemble, elles forment un ordre naturel, qui méne inſenſiblement à toutes les connoiſſances qu'il faut acquerir, pour poſſeder entierement la Géographie & l'Hiſtoire.

Il ne nous reſte plus qu'à donner une idée du corps de l'Ouvrage, faire voir comment chaque Partie ſera traitée, & dans quel ordre nous les donnerons au Public.

Comme il eſt naturel de connoître ſon Pays avant les autres, nous commencerons par la France. Nous mettrons à la tête une petite Introduction à à la Géographie, dans laquelle on trouvera l'explication des termes les plus usités, & quelques idées de la Sphere; on y joindra une division générale du Globe Terrestre, & après avoir fait voir l'Europe en général, on viendra à la *France*, ce qui doit composer notre premier Volume, qui sera un in-quarto, dans lequel il y aura près d'une centaine de Planches.

Nous y traitons la Géographie & l'Histoire de ce Royaume; ce n'est pas que nous joignions ou mêlions ces deux Parties ensemble pour n'en faire qu'une; il y auroit à craindre une confusion qui seroit trop éloignée de la simplicité & de la clarté de notre Méthode: Nous les séparons donc ; de ſorte que ceux qui voudront voir l'une ſans l'autre, le pourront aiſément : Mais quoique détachées, nous conſervons entre les parties de l'Hiſtoire & de la Géographie, une liaiſon & une connexion qu'il ſera très-aiſé d'y trouver, ſi l'on veut en faire uſage.

On a vû par la deſcription de nos Piramides, qu'elles ſont communes à la Géographie & à l'Hiſtoire, & tout le monde ſçait que ces deux Sciences ſe prêtent un mutuel ſecours, qui les rend & plus faciles & plus agréables.

Nous commençons donc par donner une Carte générale du Monde & de ſes quatre grandes parties. Une Carte d'Europe diviſée ſelon les divers Royaumes & Etats qui la composent, que nous expliquerons le plus clairement qu'il sera possible.

Nous donnons la Carte générale de France par Gouvernemens; on les y trouve distingués avec la Capitale seulement de chacun, & les principales Rivieres.

Prenant ensuite chaque Gouvernement en particulier, nous en ferons autant de Cartes, qui contiendront tous les détails nécessaires pour en donner une connoissance Géographique très-étenduë; & nous y joignons une Description pour chacune de ces parties, qui sera la plus complette qu'il sera possible.

Nos Cartes seront dressées sur la même échelle, & construites de façon qu'il ſera aiſé de rapporter, ſi l'on veut, toutes ces différentes feüilles, pour n'en faire qu'une grande Carte de France, qui ſera par ce moyen très-détaillée, dreſſée ſur les obſervations les plus récentes, & ſur les Cartes reconnuës pour les meilleures & les plus éxactes.

Après nos Cartes Géographiques, on trouve plus de deux cens Piramides, qui ſont les Villes les plus conſidérables du Royaume, & qui préſenteront aux yeux tout ce qui concerne chaque Ville en particulier, ſuivant les explications que nous en avons donné dans cette premiere Partie.

Ainſi lorſque dans notre Méthode nous parlerons d'une Ville, nous indiquerons la Piramide qui la repré-ſente, à laquelle on pourra avoir recours, pour la mettre ſous les yeux des jeunes gens, qui ſeront conduits ſuivant notre Syſtême.

Nous nous flatons donc de donner une Géographie plus complette & plus facile; que celles qui ont paru juſqu'ici.

L'Hiſtoire ne ſera pas traitée avec moins de ſoin; après avoir donné les diviſions générales, & les prélimi-naires néceſſaires à cette Science, nous commençons par l'Hiſtoire de France, que nous traitons comme tous les Hiſtoriens, en ſuivant les Races & les Branches de nos Rois. Nous y joignons un nombre d'Arbres Hiſtoriques ſuffiſans pour en repréſenter les diviſions & ſubdiviſions: Nous détaillerons les faits le plus ſuccinctement qu'il ſera poſſible ; mais nous aurons attention de faire voir les ſources où nous les aurons puiſé, en citant les Auteurs où on les pourra trouver plus au long. Outre nos Arbres, nous aurons plus de cent cinquante Piramides, qui repréſenteront les Hommes illuſtres, dont il ſera parlé dans le cours de l'Hiſtoire, & que la Méthode indiquera pour y avoir recours, comme on a fait dans la Géographie ſur celles qui repréſentent des Villes, qui ſeront encore rappellées ici lorſqu'il y aura quelque fait, dont elles auront été le théâtre.

Il eſt inutile de pouſſer plus loin ce

détail ; il ſuffit de dire que l'on fera pour les autres Parties, ce que l'on vient de voir pour la France. Ainſi le Public eſt en état de juger ſi un pareil Ouvrage peut être avantageux aux jeunes gens, & leur faciliter une étude auſſi néceſſaire que celle de la Géographie & de l'Hiſtoire.

FIN.

APPROBATION.

J'Ai lû par l'ordre de Monſeigneur le Garde des Sceaux, *la premiere Partie, ou le Plan d'une nouvelle Méthode d'enſeigner aux Enfans la Géographie & l'Hiſtoire.* Cette Méthode m'a paru fort ingénieuſe, & d'une éxécution facile. A Paris ce 10. Juillet 1736.

LE MONNIER.

www.ingramcontent.com/pod-product-compliance
Ingram Content Group UK Ltd.
Pitfield, Milton Keynes, MK11 3LW, UK
UKHW020320180726
13839UKWH00002B/503

9 782329 590875